suhrkamp taschenbuch 2603

Vier poetische Reisetagebücher führen durch die Gegend des Podeltas, die zahlreichen Arme des großen Flusses entlang bis zum Meer. Der erste Bericht erzählt von einer Fußreise durch das Land um Cremona in den ersten Tagen nach der Explosion des Kernkraftwerks von Tschernobyl.
Der zweite handelt von einer Erkundung der Dämme des Po. Der dritte enthält eine Besichtigung des trockengelegten Sumpfgebietes bei Ferrara. Der vierte spricht von einer abenteuerlichen Reise zu den Mündungen des Po, von der Suche nach den Grenzen des Festlands, dem äußersten Horizont, der Schwelle zu etwas anderem.
Celati hat eine Vorliebe für Horizonte, denn es zieht ihn zum äußersten Horizont, der Schwelle zu etwas anderem, in diesem Fall zum schwer zu findenden und kaum auszumachenden Ort der Mündungen. »Wo wird aus diesem Wasser Meer?« fragt ihn verwirrt sein deutscher Freund und Gefährte auf der letzten Reise landauswärts, kurz vor dem Ziel, das er bald fahrend, bald gehend, aber immerzu schreibend erreicht.
Gianni Celati, geboren 1937, lebt in Bologna. Auf deutsch sind von ihm bereits die beiden Bücher *Erzähler der Ebenen* und *Der wahre Schein – Vier lange Geschichten* erschienen.

Gianni Celati
Landauswärts

Aus dem Italienischen
von Marianne Schneider

Suhrkamp

Titel der 1989 erschienenen Originalausgabe: *Verso la Foce*
Umschlagentwurf: in medias res
Umschlagfoto: Gerhard P. Müller

suhrkamp taschenbuch 2603
Erste Auflage 1996

Druck: Nomos Verlagsgesellschaft, Baden-Baden
Printed in Germany

1 2 3 4 5 6 – 01 00 99 97 96

Landauswärts

Der off'ne Tag ist Menschen hell mit Bildern

Friedrich Hölderlin,
»Aussicht«, wahrscheinlich 1841

Notiz

Diese vier Reisetagebücher entstanden durch eine Zusammenarbeit mit einer Gruppe Fotografen, die sich mit der Beschreibung der neuen Landschaft Italiens befaßte und zu der auch mein Freund Luigi Ghirri gehörte. So wie sie jetzt aussehen, neu geschrieben und lesbar gemacht, möchte ich ihnen den Namen Beobachtungsgeschichten geben.

Wenn man in der Poebene über Land reist, fällt es schwer, sich nicht in der Fremde zu fühlen. Mehr als die Verschmutzung des Flusses, die kranken Bäume, der Gestank der Industrie, die Verwahrlosung von allem, was nicht mit Profit zu tun hat, selbst mehr als die Wohnanlagen für auswechselbare Wohnsitzinhaber, Heimat- und Bestimmungslose, überrascht die neue Art von Ländlichkeit, wo die Luft, die man atmet, nach städtischer Öde schmeckt.

Die hier vorgestellten vier Reisen erzählen also vom Unterwegssein durch eine gottverlassene Öde, die aber gleichzeitig das normale alltägliche Leben ist. Wenn diese Reisen etwas bedeuten sollten, dann hängt dies – zumindest für ihren Beschreiber – damit zusammen, daß wir durch eine intensive Betrachtung der Welt ein wenig aus unserer Apathie herauskommen – verrückter oder einsichtiger, lustiger oder verzweifelter werden.

Der erste Bericht erzählt von einer Fußreise durch das Land um Cremona in den ersten Tagen nach der Explosion des Kernkraftwerks von Tschernobyl. Der zweite handelt von einer mühseligen genauen Erkundung der Dämme des Po, mit Begegnungen, die unwahrscheinlich wirken mögen. Der dritte enthält eine Besichtigung des trockengelegten Sumpfgebiets bei Ferrara, die ziemlich gut ausgeht, wie mir scheint. Der vierte spricht von einer abenteuerlichen Reise zu den vielen Mündungen des Po, von der Suche nach der Grenze des Festlandes und nach einer Gruppe deutscher Verhaltensforscher und vielleicht noch nach anderen (zur Zeit der Reise nicht klaren) Dingen.
Was für Dinge? Jede Beobachtung muß sich von dem vertrauten Entzifferungskode, den sie bei sich hat, trennen, muß sich treiben lassen inmitten von allem, was sie nicht versteht, um eine Mündung erreichen zu können, wo sie sich verloren fühlen wird. Als ein natürlicher Hang, der uns mitzieht wie ein Sog, bringt uns jede intensive Beobachtung der Außenwelt vielleicht unsrem Tod näher; anders gesagt: sie verringert den Riß, der uns von uns selbst trennt.

Eine Landschaft mit Atomkraftwerk

9. Mai 1986

Kühl am Morgen beim Erwachen, kaum merkliche Nebelschleier über dem Land, beim Spazierengehen sehe ich Villen mit Türmchenaltanen, typisch für die Gegend um Parma, weiter in der Ferne eine Autobahnüberführung. Schaden am Auto und die Gangschaltung auszuwechseln, aus den Maremmen zurück, sitze ich hier fest und schreibe, am Nachmittag geht ein Bus nach Parma.
Meine Unterkunft, der alte GASTHOF ZUR POST, früher einmal eine Pferdewechselstelle auf der Straße von Fornovo nach Parma, hat einen geräumigen Innenhof, den man durch eine quadratische große Tür betritt. Rings um den Hof liegen hinter den Arkaden, die um alle vier Seiten herumreichen, die Fremdenzimmer, die nun niemand mehr bewohnt, ich bin der einzige Gast. Der Gasthof ist heute nur noch ein Lokal, unter meinem Zimmer befindet sich die Küche, wo ich im Vorbeigehen Frauen mit weißen Schürzen sehe, die den Nudelteig zubereiten; von meinem Zimmer aus höre ich sie mit lauten Stimmen im Dialekt sprechen, sie scheinen guter Dinge zu sein.
Gedanken aus diesen Tagen, von denen ich schreiben will: Nachrichten über die Explosion von Tschernobyl, Ankunft der Atomwolke und andere

Brütereien. Im April ist Franco Occhetto gestorben und in einem unwirklich scheinenden Friedhof in Lambrate begraben worden, ein Bagger und eine andere vollautomatische Maschine hatten die Begräbniszeremonie übernommen; und jetzt liegt er dort auf dem Friedhof, wo es aussieht wie auf einer Mustermesse.

Vor einer Weile war ich unten im Lokal, auf der Suche nach einem Eisenbahnfahrplan, der Wirt fand aber keinen, darum schickte er mich zu seiner Frau in die Wohnung. Ein dunkler Flur, der an der Küche vorbei in ein Eßzimmer geht – spitzenbezogene Sessel, Spiegel, Nippes, sieht aus, als würde es nie benützt –, von da weiter in ein anderes Zimmer, dort saß die Wirtin am Tisch und rechnete, und ihr Vater las die Zeitung.

Als die Frau hörte, was ihr Mann ausrichten ließ, über den Fahrplan, der nicht zu finden war, legte sie los: »Der findet doch nie was. Wenn ich nicht wäre, der würde nicht mal seine Hose finden, damit er den Mann spielen kann.«

Sie gehört zu den Frauen, die sichtlich erst in reiferem Alter zu ihrem eigenen Gesicht finden und dabei fülliger werden und nun genau wissen, sie haben das Recht, auf der Welt zu sein, und nicht mehr das Bedürfnis, die anderen bezaubern zu müssen, um aufgenommen zu werden. Gerade deswegen bezaubert sie mich; während ich dastand und sie in ihrer Schroffheit ansah, freute mich ihr halbes Lächeln, mit dem sie die Lage entschärfte, und ich hätte gern noch länger mit ihr geredet. Aber sie stand auf und holte den Fahrplan, der tatsächlich im Lokal lag.

Ich bin noch geblieben und habe mich mit ihrem Vater unterhalten, der sich als alter Eisverkäufer entpuppte und mit seinen Gedanken noch in den dreißiger Jahren (konnten auch die zwanziger sein, so genau nahm er es mit den Jahren nicht) weilte, als er in Bologna beim Militär war. Er redete von Bologna, als wäre es eine Stadt der Genüsse, es sei nämlich zu seiner Zeit wie Paris gewesen, meinte er. Anfänglich versuchte ich ihm zu widersprechen, was den heutigen Zustand der Stadt betraf, dann aber merkte ich, daß ihn der neueste Stand der Dinge überhaupt nicht interessierte, und zu Recht. Ihn interessierte es nur, mir von seiner Stadt der Genüsse zu erzählen, als würde er ein episches Gedicht rezitieren, solange seine Tochter nicht da war: die sagte nämlich, kaum daß sie wieder zurück war, er solle aufhören, und der Alte schwieg augenblicklich.

Unten im Lokal gesessen, Notizen über die letzte Zeit, von der ich erzählen will.
Im April versuche ich mich zum erstenmal in der Kunst des Drehbuchschreibens, denn Sironi und ich sollen einen Film über das Leben des Fausto Coppi schreiben. In Rom besuchen wir Tonino Guerra, den Drehbuchautor ruhmreicher Filme von Antonioni und Fellini, ich fühle mich sehr geehrt. In seinem Lehnstuhl sitzend, hat uns Tonino Guerra einen ganzen Nachmittag lang Geschichten erzählt, er öffnet den Mund nur, um Bilder heraufzubeschwören.
Wir speichern viele Anregungen und fahren zurück in die Maremmen, um aufs neue schriftlich festzule-

gen, wie wir unseren Stoff behandeln wollen, bevor wir mit dem eigentlichen Drehbuch beginnen. Nicht zur Zufriedenheit der Produzenten, denn, so wie wir den Stoff behandeln, geht Coppi, wenn auch vielfacher Weltmeister im Radrennen, nicht als großer Sieger im Leben hervor; wir haben zuviel von seinem Mißgeschick gesprochen.

Wir waren gerade wieder in den Maremmen (Capalbio) zurück, als die Atomwolke heranrückte und das Fernsehen die ersten Sicherheitsmaßnahmen verbreitete, zu denen die Fachleute rieten: der Verkauf von Blattgemüse ist verboten und ebenso die frische Milch für die Kinder. Die Stimmung in den kleinen Läden von Capalbio erinnert an die Kriegszeit; man redet von den Sicherheitsmaßnahmen, zweifelnd stehen die Kunden da, die Sätze aus den Zeitungen auf den Lippen, und die Preise für Gemüse in Büchsen, Kondensmilch, Tiefkühlkost, Kartoffeln und Gemüse nicht in Blattform, sogar für Mineralwasser schwanken je nach den letzten Nachrichten.

In der Bar von Capalbio Scalo, wo zum Abendessen die Arbeiter des Atomkraftwerks von Montalto di Castro zusammenkommen, wird nur von der Explosion in Rußland gesprochen. Eines Abends gibt jemand folgende Idee von sich: Wenn ein Atomkraftwerk explodiert und sich am Himmel der Atompilz bildet, ist der einzige Platz, wo man vor der radioaktiven, vom Wind ausgestreuten Asche sicher ist, genau unter dem Pilz, der dann wie ein Schirm wirken würde.

Sironi kam außer sich nach Hause und berichtete

von dieser Phantasievorstellung, aber man hörte in der ganzen Gegend nur derlei Phantasievorstellungen. Da der Wind aus einem fernen Land eine Gefahr mitgebracht hat, die niemand feststellen kann und von der man nur aus der Zeitung erfährt, füllt jeder den Ausfall der Informationen mit seinen eigenen Phantasievorstellungen, wie sie ihm gerade einfallen. Die Katastrophe ist anderswo geschehen, wir haben nur Zeitungsnachrichten und Kommentare aus Phrasen, die sich in gar nichts von Sportnachrichten unterscheiden.

Die Unsicherheit, die wir mit uns herumtragen, kommt von der unberechenbaren Wirkung, die das Schreckliche hervorruft, wenn es in die frigiden Phrasen der Zeitungsnachrichten eingeht. Als ich vor einigen Tagen in Orbetello beim Einkaufen war, hörte ich eine Frau reden, die sich wie eine arme Irre ereiferte, die Gefahr bestehe ja in den »Becquerel«, die es vom Himmel heruntergeregnet habe (die Vermehrung der Radioaktivität wird in »Becquerel« gemessen, aber kein Mensch weiß, was für Zeug das sein soll). Im Fischgeschäft behauptete ein Kunde im Brustton eines hervorragend Bescheidwissenden, daß die Fische »alle achtzig Prozent verseucht» seien; und eine alte Dame antwortete ihm seelenruhig: »Die müssen Sie nur ordentlich mit Knoblauch kochen, dann besteht keine Gefahr mehr.«

Der einzige Moment, in dem mir die Nachrichten aus der Zeitung einen praktischeren Zweck zu haben schienen, war, als Sironi sich Sorgen machte, wo er die Kondensmilch für seine Kinder herbringen sollte. Auf einer Fahrt durch die Maremmen kamen wir an einer Großmolkerei vorbei, wo riesige Vorräte an Milch verkauft wurden – wahrscheinlich alte Lagerbestände –, und auf einem Schild stand: VOR TSCHERNOBYL ABGEFÜLLT.

Abends im Zug. Eingestiegen in Parma mit dem Reiseziel Piacenza und einem Buch, das mir Tonino Guerra geschenkt hat: eine seiner Verserzählungen, Gedichte in der Mundart seines Heimatdorfes mit dem Titel *Die Reise.*
Zwei alte Eheleute, die gar nicht viele Kilometer vom Meer entfernt wohnen, aber das Meer noch nie gesehen haben, beschließen eines Tages, sich zu Fuß auf den Weg zu machen, um das Meer zu sehen. Auf ihrem Weg wird alles denkwürdig, was in der Außenwelt ist, wie wenn uns die Gegenstände zum erstenmal unter die Augen kommen und uns ihr äußerer Schein berührt. Wiedergefundene Wörter unter den Schichten der Phrasen der Erwachsenensprache, schwerelos vibriert hier in jedem Satz ein Bild.
Vorgestern, als unsere neue Vorlage für Coppi gerade fertiggeschrieben war, bin ich mit dem Auto losgefahren: Orbetello – La Spezia – Pontremoli – Fornovo – Parma. Aber vor Fornovo ging das Auto kaputt, ich mußte auf der Autobahn bis zur nächsten Raststätte gehen, um den Abschleppdienst anzurufen. In der Raststätte gab es haufenweise Bücher zu kaufen, Autobiografien von Prominenten, Bücher berühmter Journalisten und Fernsehstars, Romane mit Welterfolg. Beim Hinausgehen überfiel mich schlechte Laune.
Ich dachte an das Gesicht eines berühmten Fernseh-

journalisten, das auf dem Einband eines seiner Bücher zu sehen war, und es kam mir vor wie das Konzentrat all dessen, was man die »Welt der Wirklichkeit« nennt. Sein Blick, seine Pose kehrten eine Vorstellung von der Welt nach außen, in der es keine Geheimnisse gibt, nur frigide Information über das Tagesgeschehen, sonst nichts. Im Einklang mit der sogenannten »Welt der Wirklichkeit« forderte dieser Bucheinband dazu auf, einen Haufen Phrasen hinzunehmen und zu genießen, wie es in einem anderen Aberglauben ein Heiligenbildchen gemacht hätte.

Also von schlechter Laune überfallen. Aber es hilft nichts, mein Lieber, wenn du auf einen Aberglauben böse bist. Du bist auch nicht Herr über eine »richtigere« Weltsicht, du bist Herr über gar nichts, und du bist keine uneinnehmbare Festung, gegen die das Weltgeschehen nicht ankann. Du bist der Luft ausgesetzt wie die anderen Tiere, und deine Worte sind wie die Worte der anderen: Luft, die ausgeatmet wird.

Hör lieber den anderen gut zu: dem Klang ihrer Stimmen, die an dein Ohr dringen, der Luft, die ausgeatmet wird und zum Himmel aufsteigt.

10. Mai 1986 (in Piacenza)

Bei Leda zu Hause liegen alle Ausgaben der Zeitung La Libertà mit den Schlagzeilen zur Katastrophe. Den heutigen Berichten nach brennt das Kraftwerk von Tschernobyl nicht mehr, die Katastrophengefahr ist gebannt. Das Grauenvolle wird in den Händen der Sachverständigen und Journalisten zum Trödelkram, der, kaum benutzt, schon nichts mehr nütze ist: der keine Erinnerung werden kann, sich höchstens in kleine Aufrufe zu Ruhe und Vorsicht zusammenfassen läßt.

Einem begegnet, der mir alles erklärt hat. Das Kraftwerk von Caorso müsse umgehend geschlossen werden, sagte er, die Radioaktivität sei dort schon um 20 Prozent gestiegen. Es klang wie ein Kriegsbericht. Er informierte mich über eine Demonstration, die stattfinden sollte, sein Ton befahl mir hinzugehen, aus politischen Gründen, verstehe sich ja, wegen der, wie ich wisse, zu verändernden Welt. Danach hatte er mir nichts mehr zu sagen, sein Propagandarosenkranz war heruntergebetet. Kein Entsetzen vor dem, was geschehen war, nur ein Kriegsbericht mit dem kategorischen Trugbild der »sicheren Lösung«: alles so falsch, daß es der Typ vermied, mir ins Gesicht zu sehen, vielleicht war er es auch leid, soviel Ernst vortäuschen zu müssen für ein Ereignis, das seiner Vorstellungswelt überhaupt nichts sagte.

Mit Ledas Auto Wallfahrt nach Caorso, will sehen, wie so ein Atomkraftwerk überhaupt aussieht.

Hinter dem Dörfchen eine lange und breite Straße militärischen Charakters, Gittertore und Schilder, als käme man in einen geheimen Militärstützpunkt. Am Ende links der Bau, wo die Besucher empfangen werden und am Eingang Vögel in Käfigen, Enten in einem kleinen Teich. Drinnen ein großer Raum mit einem quadratischen Brunnen in der Mitte und

ringsum überall Diagramme und kleine Modelle, die einem erklären sollen, wie eine Anlage zur Produktion von Atomenergie aussieht. Auf einem Tisch haufenweise Informationsblätter, und ein Fräulein gibt mir einen Packen solcher Blätter. »Muß ich die alle lesen?« »Wenn Sie informiert sein wollen –«
Auf den Blättern ist alles gut erklärt, aber man würde wahrscheinlich einen ganzen Monat brauchen, um sie durchzuarbeiten, und ich weiß nicht einmal, ob ich es schaffen würde, ohne daß mir jemand dabei hilft: Lauter Definitionen und grafische Darstellungen, ein ganzer Baum der Weisheit, der jegliche Frage beantworten müßte.
Kaum bin ich draußen, ist mir jegliche Lust vergangen, zu verstehen, wie dieses Kraftwerk funktioniert, und unter anderem habe ich nicht einmal kapiert, wo es überhaupt ist. Mit meinem Packen Informationsblätter bleibe ich stehen und betrachte die Vögel in den Käfigen, ein kleines Beet, das einem zeigen soll, hier wachsen noch Blumen, ein Becken mit Enten, das einem zeigen soll, die Abwässer des Kraftwerks sind nicht lebensgefährlich. Auch andere Besucher standen da, sie schienen mir aber alle genauso enttäuscht wie ich, denn die Objektivität ist stumm und trennt uns zu sehr von den Dingen der Welt. Somit betrachteten viele wie ich die Vögel, die Blumen, die Enten und gingen dann mit ihrem Packen Informationsblätter weg.

Auf der Rückfahrt nach Piacenza folgte ich dem Damm, zum Essen hielt ich in einem Gasthaus am Po, in San Nazario. Am Fluß entlang Weiden und

Pappeln und viele Vögel, und in der Ferne sieht man auf der anderen Seite die Kuppel des Atomkraftwerks, die einer großen Suppenschüssel ähnelt. Die Fischer und die Lastwagenfahrer im Gasthaus sprechen nicht von der Katastrophe, im Radio hörte ich zuvor eine Sendung über die Eingeborenen im Amazonasgebiet.

Wieder auf dem Damm, am Ufer des Po viele Fischer, die erst am Nachmittag gekommen sind. Sie fangen Karpfen, aber wenn sie eine hübsche Menge beisammen haben, werfen sie die, die ihnen nicht groß genug sind, wieder ins Wasser, und so werden eine Menge Karpfen umsonst gefangen und im Gras liegengelassen, bis sie tot sind. Ein Kerl mit einer Militärkappe dürfte ungefähr fünfzehn gefangen haben, und nur zwei schöne große behält er. Nachdem er Fischerstiefel und -weste ausgezogen hat, zieht er sich Schuhe, Hemd, Jacke und Krawatte an und fährt mit seinem Auto davon.

Wenn man auf dem Damm weitergeht, kommt man zu einer Stelle, wo am Flußufer viele Abfälle abgeladen werden. FANTA- und COCACOLA-Büchsen, zertrümmerte Fliesen, ein kaputter Kleiderständer, ein aufgeplatzter Zementsack. Dann eine Büchse FLASH, eine hochsynthetische Flüssigkeit, eine Ölbüchse APIGREASE und eine Büchse AREXOUS, ein Rostentferner. Die Sonne, noch hoch am Himmel, spiegelt sich in den Abfällen wider und läßt sie funkeln.

Ein Kerl, der mit einem Mofa gekommen ist, wühlt mit einem Stock in den Abfällen herum. Da er nichts findet, was ihn interessiert, brummt er: »Leck mich doch am Arsch, Herrgott Sakrament!« Um die Dreißig, ärmelloses T-Shirt unter einem viel zu knappen Lederjäckchen, aus dem zu kurzen Ärmel kommt ein Arm mit einer Schlangentätowierung hervor.

Noch ein kleiner Umweg vor Piacenza, an einem Friedhof vorbei, wo eine Inschrift sagt: DE MORTE TRANSITURI AD VITAM. Es war niemand dort außer einer Frau, die auf einem Grab die Blumen auswechselte, und die vielen vergessenen Toten.
Als ich auf der Umgehungsstraße war, hielt ich, und als ich mich umwandte, sah ich die Stadt. Die Ziegeldächer der Häuser, die Kirchtürme und die Spitze eines Baptisteriums ragten über die Mauern empor.
18 Uhr, in einer Bar. Ich gehe durch die Straßen dieser Stadt, kein Anzeichen von Unglück oder Gefahren. Auf dem überfüllten Corso kommt der Autobus kaum vorwärts, die Leute bummeln zwischen zwei ununterbrochenen Reihen von Geschäften, vor allem Bekleidungsgeschäften mit Schaufenstern nach raffinierter moderner Manier. Fast alle schauen beim Vorübergehen in den Widerschein eines Schaufensters und suchen ihr eigenes Bild, fast alle sind mit denselben modernen Sachen bekleidet, die man in den Schaufenstern liegen sieht, tragen dieselben auffallenden Etiketten und Namen und Aufschriften in englischer Sprache mit sich herum.
Fast alle tragen zur Schau, mit welchem Wohlbehagen sie sich in dieser Straße voller Reklameschilder und Lichter bewegen, sie promenieren, paarweise oder in einzelnen Gruppen, grüßen einander un-

entwegt und tauschen geistreiche Bemerkungen, wenn sie einander begegnen. Einer, der sich nicht sehen lassen könnte, der sich ein wenig fehl am Platz, schlapp oder zu fett fühlte, ist mir, glaube ich, auf dieser abendlichen Promenade nicht untergekommen.

Am Ende des Corso dagegen, auf dem Platz mit den Reiterstandbildern, haben sich gruppenweise junge Leute zusammengerottet, die könnten sich vor den anderen nicht sehen lassen: mit ihren ausrangierten Kleidern, Lederjäckchen, schwarzen Umhängen, Nieten und Pferdeschwanzfrisuren. Sie stehen da und rauchen, zusammengerottet in eher verlorenen als feindseligen Posen. Auf jeden Fall nehmen sie nicht teil an der abendlichen Identitätsverleihung, am Tausch der Blicke und Begrüßungen auf dem Corso.

Wieder anders die Zusammenkunft bürgerlicher Jugendlicher unter den Arkaden der großen Warenhäuser. Sie haben mit ihren geparkten Mofas den Bürgersteig besetzt, stehn da und unterhalten sich im gemäßigten Tonfall eines Gesellschaftsabends, vor allem über Reisen und Ferien. Unter den rechteckig zugeschnittenen Arkaden aus Zement, durch die das fahle Neonlicht aus den Schaufenstern der großen Warenhäuser flutet, habe ich sie vorhin von Reisen nach Tahiti und auf die Barbados sprechen hören. Eine alte Dame mit einer Einkaufstasche mußte sich durch ihre Aufstellungen durchzwängen, und sie schien verlegen über ihre eigene Anwesenheit, als hätte sie nicht das Recht da zu sein.

Am Ende des Corso perspektivisch zwei Reihen

Straßenlampen, die eben angegangen sind, und bei der Ampel ein Autostau. Auf dem Bürgersteig vor einem Bekleidungsgeschäft der Marke WRANGLER drehen sich einige junge Männer um und schauen einer vorübergehenden Frau nach, ein Mädchen schreit, damit ihr die anderen zuhören, ein Mann redet, damit ihm die anderen zustimmen. Drei Soldaten zögern, bevor sie eine Pizzeria betreten. Ein langer hagerer Kerl geht vorbei, offensichtlich mit seiner Squaw; und sie geht hinter ihm her wie eine Squaw, so klein und so angezogen wie eine Squaw.
Morgen fahre ich nach Cremona, dann kreuz und quer über Land.

11. Mai 1986 (Sonntag)

Der Minister Craxi hält die Schwarzseherei für ungerechtfertigt, die Strahlungen in der Luft gehen zurück, aber die Verseuchung der Pflanzen nimmt zu.
Im Zug nach Cremona: viele Fabriken und das Land ganz flach und eben; während der Zug vorbeifährt, nehmen die Bäume und Strommasten mit ihrer vertikalen Gestalt hier wunder, die unversehens aus der ebenen Fläche herausragen.
Der Mathematiklehrer holt mich in Pizzighettone ab, denn er will mich mit einem Kenner des Lebens in der Poebene bekanntmachen; der könnte mir nützlich sein, meint er, wenn ich über die Örtlichkeiten schreiben möchte. Seit einem Jahr hat er diese Begegnung im Sinn, und er muß an die zweihundert

Telefonate getätigt haben, um sie zustande zu bringen, denn er war mir unentwegt auf den Fersen.
Überlegungen zum Mathematiklehrer: Es gibt ziemlich viele, die, wie er, in einem besonderen Jahr ihres Lebens stehengeblieben sind: 1956, 1968 oder 1977, dem Jahr der Krawalle. Ihre Art zu sprechen, zu denken, sich zu kleiden, verrät noch etwas von dem, was in jenen Jahren in Umlauf war. Aber andere Schichten haben sich darüber gelegt, um zu verbergen, was das »Zurückgebliebene« in ihnen ist; und als endgültiges Deckmäntelchen müssen die Phrasen der allerneuesten Aktualität herhalten, wenn sie vor den anderen unmittelbar wirken möchten.
Das Deckmäntelchen des Mathematiklehrers (im übrigen freundlich, sympathisch und gutmütig) scheint mir seine hemmungslose Begeisterung für die »neuen italienischen Schriftsteller« zu sein. Die kleinste Erzählung, die winzigste Schrift seiner Lieblingsautoren, weißgottwo erschienen, ihm gelingt es, alles aufzustöbern, ihm entgeht überhaupt nichts. Als ich ihm empfehle, Ariost zu lesen, ist er so ratlos, als würde Ariost nicht zu seiner Kleidung passen; sein Deckmäntelchen gerät in eine Krise, die Furcht, »zurückgeblieben« zu sein, kommt wieder zum Vorschein; ein Versehen, das sich offenbar ein intelligenter Mensch nicht mehr leisten kann.

Der Kenner ist ein kleiner, schon älterer Mann, auf Urlaub bei seiner Tochter. Empfangen wurden wir in einer ehemaligen Molkerei mit weißen Wänden,

Türen aus Milchglas und jenen alten Wannen, in denen der Käse mit den Händen bearbeitet wurde.
Als mich der Lehrer vorstellte, zeigte der Kenner sofort, daß er mich kennt, gelesen hat, was ich schreibe. Dann zählte er eine Reihe Namen und Titel auf, und damit gab er mir zu verstehen, daß es eine grenzenlose Anzahl Namen zu behalten und eine schreckliche Menge Bücher zu lesen gibt. Er versuchte, sich meinen Namen wieder einfallen zu lassen, schaffte es aber nicht, ich mußte nachhelfen, worauf er dann sagte: »Genau.«
In der guten Stube zu Hause sitzend, erzählt er uns von seiner Arbeit als Kenner. Es hat eine große Tagung über die Beziehungen zwischen Mensch und Umwelt stattgefunden, auf der er seine Kindheitserinnerungen erzählt hat. Ein Komitee zur Aufwertung des Fremdenverkehrs in einigen Gegenden der Poebene hat ihn gebeten, etwas zu schreiben, aber er hat keine Zeit. Er würde gern einen historischen Roman schreiben, aber ihm fehlt die Handlung (der Lehrer fragte, ob ich ihm nicht eine empfehlen könnte).
Er sagt, er habe eigentlich keinerlei Interesse an Orten und Landschaften, obwohl er als Kenner immer davon sprechen müsse. Er würde lieber zu Hause bleiben, als auf Vorträge und Tagungen zu gehen, die ohnehin nur dummes Zeug sind, das gemacht wird, um die Milliarden hinauszuwerfen, mit denen man sonst nicht wüßte wohin.
Ihm ist bei seinem Herumfahren ohne Begleitung klargeworden, daß es nichts zu sehen gibt und ein Ort wie der andere ist. Er erklärte mir: »Geht man,

sagen wir, alte Kirchen oder altes Gemäuer besichtigen, die zweifellos Kunstwerke sind, dann merkt man, wenn man allein ist, daß alle diese Dinge niemandem etwas sagen. Aber man schaut sie ja mit der Frau und den Kindern an und man muß zeigen, daß man sich doch für etwas interessiert, und dann muß man immer Fotos machen und sagen, daß es interessant ist. Auch Dörfer und Städte sind nun schon langweiliges Zeug, das niemandem mehr etwas sagt. Aber nur wenige haben den Mut, das zuzugeben!«

Es machte ihm nichts aus, daß ich mir etwas aufschrieb. Als er erfuhr, daß ich in der Gegend um Cremona über Land fahren wolle, um die Eigenheime in Augenschein zu nehmen, da sie mir mysteriös vorkämen, machte er ein sehr angewidertes Gesicht. Er gab mir folgenden Ratschlag: »Es nützt nichts, wenn man herumreist, um Orte zu sehen, denn die sind jetzt überall gleich. Wenn Sie aber unbedingt etwas schreiben müssen, dann zitieren Sie ein Buch oder eine Statistik, und Sie werden sehen, das paßt immer, das kann ich Ihnen sagen.«

Als wir uns verabschiedeten, sprachen wir davon, daß es an den Landstraßen keine Brunnen mehr gebe. Dazu sagte der Kenner: »Na klar! So müssen die Leute, die Durst haben, in eine Bar gehen und bezahlen.« Ich fragte ihn, was passieren würde, wenn ich auf meiner Fußreise durch die Gegend um Cremona in einem Haus um ein Glas Wasser bitten würde.

Er antwortete mir: »Sie bekommen keins, kann ich Ihnen sagen. Die Leute in dem Haus würden sich sa-

gen: Warum kommt denn der zu uns und stört uns hier in unseren eigenen vier Wänden? Wenn hier einer um etwas bittet, ohne daß ein Geschäft dabei ist, wird er als armer Schlucker betrachtet. Und einem armen Schlucker ins Gesicht zu schauen, macht den Leuten keinen Spaß. Die Leute ertragen hier alles mögliche, aber nicht, daß sie einem armen Schlukker ins Gesicht schauen müssen.«
Als wir mit dem Auto in die Nähe von Cremona kamen, fragte mich der Mathematiklehrer, ob ich morgen wirklich herumreisen wolle, um jene Eigenheime in Augenschein zu nehmen. Dann sprach er kurz von der Gefahr der Radioaktivität im Straßenstaub, von der Abscheulichkeit der besagten Eigenheime und war von mir ziemlich enttäuscht.
In einem Feierabendzirkel für ältere Leute am Ufer des Po sprach ich mit einigen munteren alten Männern, die ihre eigene Meinung über die Atomkraftwerke hatten: die Leute brauchen zuviel Strom, weil sie am Abend so lange aufbleiben, das sei die ganze Misere, meinten sie. Auch hier fühlte sich der Mathematiklehrer fehl am Platz, er brachte es nicht fertig, den alten Männern zuzuhören, machte inzwischen allein eine Runde mit dem Auto; er würde am liebsten mit mir nur über Literatur sprechen, das heißt über die »neuen italienischen Schriftsteller«, die Alltagsbanalität schlägt ihm auf den Magen.
Zu guter Letzt kamen lauter Kinder auf die Wiese unter den großen Bäumen gelaufen, und am Himmel sah man den Abendstern glänzen.

12. Mai 1986

Auf der Fernstraße der unteren Poebene Lastwagen in langen Schlangen, die aus Cremona herausfuhren und am Stadtrand nur langsam vorwärtskamen. Die letzten grellen Reklameschilder, dunklere kleine Geschäfte, Frauen, die mit dem Rad zum Einkaufen fahren und auf den Bürgersteigen zu einem Schwatz anhalten. Dann Omnibusse, aus denen an den Endhaltestellen noch Leute aussteigen, und eine ansehnliche Reihe Tankstellen mit Plastikdächern in grellen Farben. In der Ferne eine Allee aus Werbeplakaten, auf dem geflickten Asphalt der schnurgeraden Straße zerfällt das Licht in den Nebeln der Abgase wie in einem Raster.
9.30 Uhr. Ich bin in Gadesco, in einer Bar mit Pizzeria, die Wandverschalung ist ein Industrieprodukt, Spundbelag genannt, die Lampen aus rotem Kunststoff, die über den Tischen hängen, sind Industrieprodukte, und die Pizzas, die gestapelt und zellophanverpackt auf dem Tresen liegen, sind Industrieprodukte. Das Lokal heißt SNACK NIRVANA und ist völlig menschenleer.
Da viele Lastwagen vorbeifahren, beben unentwegt die Fensterscheiben. Heute ist das Kraftwerk von Caorso wegen »Instandhaltungsarbeiten« geschlossen, keine Gefahr mehr in der Luft, aber die radioaktiven Substanzen haben sich nun auf dem Erdboden abgelagert.

Mit dem Omnibus bis zu einem Supermarkt gefahren, der zehn Kilometer von Cremona entfernt ist.

Von der Straße aus sieht man zwei riesengroße rosarote, ebenerdige, langgestreckte Gebäude, überall Schilder mit der Aufschrift IPERMERCATO. Seit fünf Jahren komme ich nicht mehr in diese Gegend, und alles erscheint mir verändert.
Auf dem Parkplatz hört man die Stimme eines Ansagers, die unschlagbare Preise verkündet, und aus den Autos steigen oft ganze Familien, die um sich blicken, wie wenn sie in einem Vergnügungspark wären. Wenn sie auf den Supermarkt zusteuern, gehen die Frauen immer voraus, die Männer wie Faulpelze hinter ihnen her.
Am Eingang zum Supermarkt (für Nahrungsmittel) ein Zelt in der Form eines waagerecht liegenden Fasses aus weißem glänzendem Kunststoff. Die eintretenden Kunden werden gebeten, durch das Plastikfaß zu gehen und einen Zettel auszufüllen. Für die Besucher, die durchgehen, gibt's ein Preisausschreiben. Drei ältere Damen haben, untergehakt und lachend, das Faß betreten, während die Stimme des Ansagers von Hunderten von Preisen redete, die für den Wettbewerb im Faß ausgesetzt sind. Dann bricht die Stimme jäh ab, es ist etwas passiert. Eine Frau hat einen Gutschein zum Erwerb von Lebensmitteln gewonnen, und die Ansagerstimme jubiliert: »Wir gratulieren Ihnen!«
Zwischen den Autos überqueren drei Verkäuferinnen in grünen Kitteln lustig lachend den Platz, da fühle ich mich langsam wohler. Das Land liegt vor mir, unbekannt wie alles andere; nun beginnt meine Fußreise auf der großen Straße.

Weißliche Zirruswolken hoch oben, Wolkenfasern unbewegt in der Windstille. Auf der Landstraße Lastwagen, einer nach dem anderen, die mich mit heftigen Windstößen streifen, und unzählige Werbeplakate: BRIO-WASSERHÄHNE, ABC-KÜCHEN, »SPANFERKEL« FRISCHES SCHWEINEFLEISCH, CASITALIA-FERTIGTEILE, ALFIERI DANIELE KAMINE UND VERSCHALUNGEN.
Ferne Kirchtürme, lombardische Gotik, würde ich sagen, aber so fern, daß sie ein gutes Stück meines Weges im unbewegten Raum des flachen Landes mit mir eine Achse bilden. Als ob ich, eine schattenlose Ameise, nur wenige Zentimeter in der Stunde vorwärts käme. Kein einziger Vogel in der Luft.
Als ich beim Kreisel von Cicognolo ankomme, kenne ich mich nicht aus, denn vor fünf Jahren gab es hier noch gar keine Kreisel. Ich biege in die Landstraße nach San Daniele Po ein, nach rechts, und verlasse endlich die große Fernstraße der unteren Poebene, wo ich mich zu schutzlos fühlte. Gleich nach der Kreuzung bleibe ich stehen und schaue mir ein ziemlich großes Anwesen (oder einen Hof) an: eine Einfriedungsmauer mit Zinnen und ein schöner weißer Turm, in dem ganz oben an einem Gewinde die Glocken hängen.
Als ich die Gegend von Cicognolo hinter mir lasse, macht die Landstraße eine große Kurve, und nur wenige Autos kommen vorbei. Links ein Sportverein mit Schwimmbad, Wiese und Tennisplätzen, und ein Tennislehrer zeigt mit erhobenem Arm einem Schüler eine Bewegung. Ringsum alles flach, Felder in langgestreckten Mulden,

streifenweise noch grünes Getreide und ferne Kanäle.
Endlich ein Vogel. In der Luft der Geruch von Schweinefleisch; er kommt an wie eine stinkende Masse, die über alles herfällt und wie heiße Luft wirkt, nur daß einem dabei noch übel wird.

Von zwei Carabinieri beim Schreiben überrascht und beinahe verhaftet. Sie fragen, ob ich einen rechtmäßigen Wohnsitz und eine Arbeit habe, was ich hier mache, und geben mir ein Protokoll zum Unterschreiben: »Wissen Sie, wir glauben Ihnen ja, aber heute früh ist ein Auto gestohlen worden.«
»Aber ich gehe doch zu Fuß!«
Als sie in meinem Ausweis das Wort »Lehrer« lesen, fragen sie: »Warum sind Sie nicht in der Schule?«
»Ich bin beurlaubt.« »Wegen Krankheit?« Es muß ihnen der Verdacht gekommen sein, ich sei ein Lehrer, bei dem es im Kopf nicht ganz stimme; aber als sie mich fragen, ob ich für eine Zeitung schreibe, und ich sofort ja sage, wobei ich unheimlich lüge, bin ich in ihren Augen wieder normal geworden. Mir als Journalisten haben sie in ihrem Dienstwagen einen Platz angeboten.
An der Straße eine riesengroße Futterfabrik mit rechteckigen, senkrecht und schräg abfallend angebrachten Metallplatten, sieht aus wie eine Methodistenkirche, in der Mitte sogar ein Turm wie bei einer Kirche. Eine großartige Futterfabrik mitten in einer Gegend, über die der Geruch des verbrannten Schweinefleisches hergefallen ist.

Ca. 13 Uhr, Ankunft in Pieve San Giacomo. Eine große ebene Fläche ohne jegliche Welle, mittendurch eine schnurgerade Schnellstraße, die nach San Daniele und dann nach Casalmaggiore führt. In weitem Bogen außen herum die Überführung, die in die Schnellstraße mündet, und da und dort ein Bauernhaus in einer Landschaft ohne Bäume, ohne Wiesen, ohne Vögel.
Als ich auf der Überführung stehe, die über den kleinen Bahnhof von Pieve San Giacomo geht, sehe ich keine Bauernhöfe, sondern Schweinefleischfabriken, langgestreckte, ebenerdige Bauten, jeden mit seinem Silo, und oft sind daneben Bauernhäuser. Hunderttausende von Schweinen warten in den Fabriken auf ihr Massaker, der Geruch des verbrannten Schweinefleisches fällt kilometerweit in das Land ein. (Wenn die an Maul- und Klauenseuche erkrankten Schweine verbrannt werden sollen, bindet man sie – wie mir Paola erzählt hat – traubenweise an einem Bein mit Ketten zusammen, die Trauben werden mit einem Kran hochgezogen und einfach in einen Hochofen verfrachtet.)
In der Allee vor dem kleinen Bahnhof stehen in einer Reihe die bewußten Eigenheime, manche auf einem aufgeschütteten Erdwall, der zugleich der Garten ist, jedes von einem Mäuerchen mit Gartentor umgeben, nur damit es etwas gleichsieht.
Das Zentrum von Pieve San Giacomo ist ein länglicher kleiner Platz, auf dem ein ziemlich vierschrötiger mittelalterlicher Kirchturm steht, die Glocken frei hängend nach lombardischer Art. Ich sitze in einer Kneipe und höre den Kunden zu, die im Dialekt

sprechen, sie geben ihren Kommentar ab zu allem, was geschieht, und zitieren die Atomkatastrophe.
Ein Typ mit Fahrrad war angekommen, und sie fragten ihn: »Heh, Guarner, gehst in die Arbeit heut, mit der Atomwolke?« Darauf Guarnieri: »Scheiß der Hund auf die Wolke!« (Was heißen soll: Klar geh ich!) Dann sah mir ein Bursche mit Latzhose wie ein Anstreicher beim Schreiben zu und fing an, folgendes komische Lied vor sich hin zu singen: »Ach der Arsch, der dich geschissen hat, Hawaii und Tschernobyl ...«
Bis mir der Kellner mein Brötchen und mein Bier schließlich brachte, und dann sahen mir alle diese Kunden schweigend und sehr gespannt beim Essen zu.

Dieser Teil des Dorfes ist anders, vollkommen still. Empfängt dich mit einem Schild: PARZELLEN FÜR EINFAMILIENHÄUSER ZU VERKAUFEN.
Besichtigung einer kleinen Straße mit Einfamilienhäuschen wie aus dem Modellbaukasten, mit Akrylfarben angestrichen oder mit Fliesen, Rustika oder künstlichem Felsgestein verkleidet. Alle von gleichem Zuschnitt, zweistöckige Kisten mit Plastikrolläden und kurzem, schrägem Dach. Die Gärtchen rundherum, Liegestühle oder Bänke auf dem englischen Rasen, unechte Brunnen aus Gips, in den Beeten zu große und zu knallige Blumen, links und rechts von der Tür sehr oft Gartenzwerge à la Walt Disney.
In einem solchen Garten stand ein sizilianischer Karren voller Blumentöpfe, in einem anderen einige

Gipsgänse auf der Wiese, in noch einem anderen eine Muttergottesstatue in einem Magnolienstrauch. Und als auf die menschenleere kleine Straße (Mittagszeit, ich höre Geschirrgeklapper, Radio- und Fernsehgeräusche) ein Mann herauskommt und ins Auto steigt, wird mein Gefühl der Fremdheit so stark, daß ich schleunigst weggehen muß.
Ein andermal war mir in dieser Gegend die Vorstellung der wohnlichen Stille gekommen, einer Lautlosigkeit, die etwas ganz anderes ist als die Stille auf freiem Feld. Und auch die Häuser sind hier nicht wie normale Häuser, sondern sie scheinen eher die Vorstellung eines Hauses darstellen zu wollen, die dem bleischweren Horizont voll Lastwagen und Schweine entgegenzusetzen ist. Etwas, das ich nicht erklären kann, berückt mich an diesen verwunschenen Häuschen, ein Zustand der Erwartung, der Selbstvergessenheit von allem, ich spüre es in der Kehle.

Ankunft in San Daniele Po, vorbei an Schweinefleischfabriken, Hühnerschlachthöfen, Industrieunternehmen für Rinderzucht. In der Bar mitten im Ort rufe ich die Freunde des Mathematiklehrers an und sage ihnen, daß ich bald komme. Aber es ist erst halb fünf, ich habe Lust, noch ein wenig allein zu bleiben.
Der kleine Platz mit den schmächtigen Bäumchen und einer geschlossenen Tankstelle, recht das Kino SPLENDOR in einer baufälligen Villa mit Stufenfassade (geöffnet donnerstags) und die zweite Bar direkt links nebenan, Halbwüchsige hängen auf den

Stühlen im Freien. Neben mir eine feiste Punkerin, zerrissene Jeans und Lederjäckchen, sie trinkt Cocacola aus der Büchse, ein alter Bauer mit kräftigen Bäckchen schaut ihr zu; ein ebenso feistes Kind lutscht einsam an einem Rieseneis; der junge Kellner mit Schnauzbart kommt, auf seinem T-Shirt steht: FROM THE EAST COAST OF AMERICA.
Die ganze Umgebung ist in einen großen Schlaf gesunken, es schlafen die Viertel mit den Einfamilienhäuschen wie aus dem Modellbaukasten, es schläft eine nachgemachte gotische Kirche, wahrscheinlich aus der Zeit des Faschismus, es dösen die zwei Straßen, wo kaum Autos fahren. Schlaf hängt über den Bewässerungskanälen und ihren Ufern, wo die Brennesseln wuchern, in den Bäumen, um die sich Wickengewächse schlingen, Schlaf liegt über dem Friedhof mit seinen vergessenen Toten, den ich im Vorbeigehen sah, und auch über den Abziehbildchen, die an den Fenstern der Kneipe kleben, mit den Gesichtern von Marilyn Monroe, Jim Morrison und David Bowie.
Ich blätterte eine Lokalzeitung durch, die auf einem Tisch liegengeblieben ist: sie bringt überhaupt keine Nachrichten, spricht nur von Geburten, Todesfällen, Taufen, Hochzeiten, Versteigerungen. Ich mußte mich umdrehen, denn ich wollte sehen, was für Leute die Leser einer solchen Zeitung sind, und es waren Leute, die in aller Ruhe in einer Bar auf dem Land stehen und warten, daß die Zeit vergeht.

13. Mai 1986

Aufbruch im Morgengrauen. Die Erscheinungen draußen noch im Zwielicht, und die kleine Überlegung, wie nun die Welt zu finden wäre. Ich habe bei den Freunden des Mathematiklehrers aus Cremona übernachtet, als Gast in ihrem Bauernhof, dessen rustikales Aussehen sie in allem beibehalten haben, mitsamt den Strohstühlen, die aus dem Leim gehen, und den Spinnweben an den Deckenbalken, den Ansichtskarten, die in den Glasscheiben der Kredenz stecken. Sie sind eigentlich auch Lehrer, haben aber den Beruf gewechselt und sind nun Landwirte geworden, gestern abend sprachen sie auf einmal von kalifornischer Literatur.

Im Stall stehen zwei Kühe und ein Pferd, das lahmt und nicht mehr gehen kann. Man könnte meinen, die drei Lehrer fühlten sich in Sicherheit, weil sie über alles eine Meinung haben, von der Ernährung bis zur amerikanischen Finanzpolitik und natürlich auch über die Atomkraftwerke, die auf der ganzen Welt zugemacht werden müßten. Ich fragte: »Und wie soll das gehen?« »Man treibt nachdrücklich Meinungsbildung.«

Auf dem Binnendamm in Richtung Pieve d'Olmi; von der höher gelegenen Straße aus sehe ich viele alte verlassene Anwesen unten liegen. Gruppen quadratischer Bauten mit Innenhof und bogenförmigem Eingang, deren Umrißlinie manchmal in dem spitzen Turm einer kleinen, dem Anwesen einverleibten Kirche gipfelt. Ich spähe in einige solche Anwesen hinein, sehe stehengelassene landwirtschaftliche Geräte und Stroh auf dem Boden. Die Bewohner dieser Anwesen sind alle in die Eigenheime umgezogen, die man da und dort über das Land verstreut stehen sieht, und das Vieh hat man in die großen Fabrikhallen gebracht.

Der Po ist noch weit weg, einige Kilometer vielleicht. Auf dem Land, das vor mir liegt, zahlreiche Fabrikgebäude mit Schweine- oder Rinderzucht.

Nach einem Dorf namens Ca' dei Gatti kehre ich zurück nach Osten und stoße auf eine Rindermastanstalt. Langgestreckte, mit Eternit überdachte Stallungen, Silos für die Nahrung, die in die vollautomatischen Krippen hinunterrieselt, und Misthaufen in dem Pferch, wo sich die Kühe wie Häftlinge ein paar Stunden am Tag an der frischen Luft aufhalten dürfen. Ein Mann, der neben dem Pferch stand, sagte mir, die Traurigkeit dieser Kühe sei ansteckend, er komme manchmal abends ganz schwermütig nach Hause und wisse nicht warum.

Mit gesenktem Blick stehen sie im Pferch, die Neugierde, allem nachzusehen, was sich bewegt, ist ihnen abhanden gekommen. Wenn sie aufschauen, sieht man, daß sie nicht mehr den großen Blick der Tiere haben.

In Richtung Isola Pescarola. Unterhalb des äußeren Binnendammes ein großes verlassenes Anwesen, die Türen weit offen, die Türflügel schief in den Angeln, das Mauerwerk rissig, überall wild wuchernde Pflanzen. Weiter hinten noch andere verlassene Höfe, einer ist wunderschön, rosarote Türmchen mit Zinnen, erinnert an einen arabischen Bau; im ver-

lassenen Innenhof, wo das Unkraut wuchert, schnuppert ein Hund herum.
Heute früh war der Himmel verschleiert, leicht bläuliche Hochnebel, die nun zerfließen. Und wieder verlassene Anwesen, ein wahrer Friedhof verlassener Anwesen. In Böen schüttelt der Wind die Sträucher am Straßenrand, er kommt an und scheucht die Zeisige auf, die wegfliegen. Wie das Vergessen, wenn es angerauscht kommt, fegt er die Ebene in allen Ecken aus und läßt einen gedächtnislos und benommen zurück, weil zu viele Dinge dahingehen.
Unter der Überführung der Landstraße Casalmaggiore-Parma sehe ich endlich den Po. Ein verbranntes, mit Streu bedecktes Boot, um das sich wie weiße Wurzeln die Überreste der versengten Plastikverkleidung winden. Der Po hat hier breite Sandstrände und in Ufernähe ist ein rautenförmiges rotweißes Schild für den Schiffsverkehr; niemand in der Nähe, vollkommene Stille, am anderen Ufer ein Vogel mit breiten Fittichen, er scheint die Richtung verloren zu haben.

Auf dem Rückweg von Isola Pescarola spüre ich, daß ich mir den Fuß wundgelaufen habe; vielleicht hat sich gestern der Socken im Schuh zusammengerollt und sich dadurch eine Wunde gebildet. Ich humple bis zur Landstraße, und dort hält kein Auto, das mich mitnehmen würde.
Getreide- und Rübenfelder, ein Werbeplakat nach dem anderen, schier endlos. Maulbeerbäume, häufig in Reihen, an der Längsseite der Felder. Und am

Straßenrand Mohnblumen, die ersten in diesem Jahr.
Ich gehe auf der Ferse bis nach Motta Baluffi; Einfamilienhäuschen und Reihenhäuser, WURSTFABRIK VON GANDOLFI ENEA. In einer Bäckerei sind viele Frauen, einige mit dem Auto gekommen. Eine sagt: »Ob es wohl jetzt sogar gefährlich ist, wenn wir Brot essen?«
Ich frage, ob mich eine von ihnen bis nach Gussola mitnehmen könnte, weil ich mir den Fuß wundgelaufen habe. Betretenes Schweigen seitens der Frauen, die einander ansehen, einige sagen, sie wohnen anderswo oder sie sind mit dem Fahrrad gekommen, aber ohne sich nach mir umzusehen. Danach taten sie so, als wäre ich gar nicht da, da ging ich hinaus auf den Platz. Gleich darauf kam eine der Frauen heraus und redete mit einem Mädchen, das am Steuer eines PKW saß. Sie winkte mich zu sich und sagte brummend: »Das ist meine Nichte, reden Sie mit ihr. Ich weiß nichts und kümmere mich nicht um die Angelegenheiten der anderen. Es kann ja etwas passieren, aber das muß man vorher bedenken.«
Das Mädchen ließ mich freundlich einsteigen. Als ich im Auto saß, kam aber heraus, daß sie gar nicht nach Gussola fuhr, sondern nach Torricella di Pizzo, ein Umweg im Vergleich zur Strecke auf der Landstraße nach Casalmaggiore. Eine kleine Blondine mit Jeans, sie lerne Krankenschwester, sagte sie, und sie wollte mir ein Pflaster für meinen Fuß geben. Da ich mir im Auto Notizen machte, fragte sie mich, ob ich Schriftsteller sei. Ich wollte schon nein sagen,

aber dann entschied ich mich dafür, einmal entschieden zu sein. »Ich bin einer, der schreibt.«
Wir unterhielten uns und waren inzwischen schon auf der Hauptstraße von Torricella di Pizzo, einer engen Gasse zwischen niedrigen Häusern. Hier verschwand das Mädchen in einer Haustür und erschien wieder mit Gaze, Alkohol und Watte. Ich hatte mich auf die Stufe gesetzt und zog gerade meinen Schuh aus, als sie mich fragte, ob ich das, was ich in dieser Gegend sähe, in einem Buch schreiben würde. Ich antwortete, ich würde schon gerne ein Buch über meine Reisen in die Pogegend schreiben, wisse aber noch nicht wie: wenn es mir gelingen würde, wollte ich diese Notizen verwenden.
Das war's. Vielleicht hat sie mich deshalb zu sich nach Hause eingeladen, in ein kleines finsteres Wohnzimmer, das zugleich die Diele war, und hat mir ihre Mutter vorgestellt und mir nachher geholfen, meinen Fuß zu verbinden. Dann gab sie mir Hinweise, wie ich »zum Po kommen und ihn in seiner ganzen Ausdehnung sehen« könne, außerhalb des Dorfes und über die Gegend zwischen Haupt- und Binnendamm hinaus bis hierher, wo ich jetzt bin!
In einer Flußschleife nach Westen liegt eine Insel voller Pappeln, die überschwemmt zu sein scheint, nur wenige Vögel fliegen knapp über dem Wasser, und vielleicht wird es gleich regnen. Weiße aufgeblasene Wolken, von den Wipfeln der schlanken Pappeln am Flußufer verdeckt. Vom fernen Ufer hört man den Kuckuck rufen.
Nun regnet es, und ich bin auf den Damm zurückge-

kehrt, das Licht bricht sich in rötlichen Tönen auf dem Wasser, und die Wasserfläche des Flusses ist unbewegt wie ein Spiegel. Vom Asphalt steigen Dampfschwaden auf, und plötzlich ist der Regen zu Ende, ein Junge auf einem Mofa fährt vorbei.

15 Uhr. Wieder auf der Landstraße, ich humple ein wenig. Von der Abzweigung nach Torricella di Pizzo sind es sieben Kilometer bis Gussola. Nun bin ich am Ortseingang von Gussola, wo reihenweise die bewußten Eigenheime mit Akrylfarbenanstrich, serienmäßigen Fensterrahmen aus Aluminium, Mäuerchen aus Hohlziegeln stehen.
Dieses Eigenheim hat Mauern mit einer Verkleidung aus unechten Kieselsteinen, die aus weißlichen Fliesen hervorquellen. Im Schatten einer kleinen Libanonzeder gleicht es von vorne betrachtet einem ländlichen Bild aus einem gedächtnislosen Traum. Die Fliesen mit den unechten Kieselsteinen liegen auch im Rasen verstreut nach Art kleiner Feldwege, während es auf der Wiese von noch nicht aufgegangenen Gänseblümchen wimmelt, die Arkaden am Haus sind mit knallbunten Blumen geschmückt, die wie Plastikblumen aussehen. Zu beiden Seiten der Eingangstür stehen Gipszwerge à la Walt Disney; selbst die strengen sich an, jegliche Erinnerung an das Leben »in diesem Tal der Tränen« auszulöschen, denn dies ist der einzige und endgültige Zweck der verwunschenen Häuschen, wenn ich recht verstehe.
Auf der anderen Seite lehnt eine nicht mehr junge Frau am Balkon eines anderen Eigenheims; es hat

mich überrascht, daß ihr Morgenrock beinahe ganz offen war, der Büstenhalter hervorsah. Ich weiß nicht, was für ein Gesicht ich machte, als ich von meinem Heft aufsah. Auf jeden Fall machte sie mit einer schroffen Bewegung ihren Morgenrock zu, schloß das Fenster und ließ den Rolladen herunter und ließ dann im ganzen Haus die Rolläden herunter: eine Kriegserklärung an die Außenwelt, die zu sehr in den Privatbesitz hineinspäht.

Der Hauptplatz von Gussola ist eine Asphaltfläche aus einem Guß und fungiert als leerer Parkplatz, auf der einen Seite eine weiße Barockkirche, auf der anderen ein Volkshaus der KPI. Vor dem Volkshaus standen lauter Männer mit weißen Mützen (die Lokaltracht?), die Hände in den Taschen, und redeten miteinander, wobei sie immer auf den Boden schauten, ohne einander je ins Gesicht zu schauen.
Auf der Straße ging eine alte Dame vorbei, sie trug ein schwarzes Kopftuch und einen violetten Umhang, Wollstrümpfe und durchgelaufene flache Schuhe. Langsam erreicht sie eine altehrwürdige Haustür und zieht aus einer Plastiktüte einen riesigen Schlüssel hervor. Kaum ist sie im Haus, da bemerke ich, daß ihr das Haus gleicht: ein heruntergekommener Adelspalast, Gräser wachsen auf einem Balkon, der auf einem Medusenhaupt aus Sandstein ruht, das Haupt ist schon konturenlos geworden, die Gottheit dahingerafft von der Zeit (ich habe mir keine Notizen gemacht über die vielen vergessenen Gottheiten, die ich gesehen habe, die Gottheiten der Schwellen, die Darstellungen der Sonne über den

Haustüren und irgendwo auch eine Athene, die große Göttin, deren Spur schon aus der Erinnerung verschwunden ist).
Genau unter dem Balkon und der von der Zeit dahingerafften Gottheit ist eine Bushaltestelle, wo ein Mädchen wartete und Musik aus einem Walkman hörte.

Ein ziemliches Gehumpel bis Martignana Po. Breite Landstraße mit den bewußten Eigenheimen zu beiden Seiten und mit Linden, die zugestutzt sind wegen ihres Blütenstaubs, damit die Menschen nicht niesen müssen.
Aber plötzlich kam eine ganze Wolke Blütenstaub aus allen Pappelwäldchen angeweht, die Autofahrer mußten die Scheibenwischer einschalten, und alle Reklameplakate wurden zehn Sekunden lang unsichtbar. Zehn Sekunden trübe Massen, in denen schon jetzt alles dahinging, auch das Bild dieser Welt verschwand, das in unseren Augen ist. Ob es wirklich der Blütenstaub der Pappeln war, weiß ich nicht genau, ich glaube, die Jahreszeit ist noch nicht da; aber der Blackout der Reklamebilder machte Spaß.
Noch einmal Eigenheime, eines am anderen, viele in wallartig aufgeschütteten Gärten, in den verschiedensten Stilen. Eines von oben bis unten mit Krankenhausfliesen überzogen, die Rosen im Garten so groß wie Sonnenblumen, und ein Herr gießt eine Hecke aus Zierlorbeer.
Körperliche Anstrengung, um vorwärts zu kommen, jeden Augenblick weiter nach vorne heißt lee-

rer Raum, leere Zeit, die überbrückt werden müssen. Wenn wenigstens nicht so viele Reklamen dastünden, nicht diese endlose Zahl von Wörtern wäre, von denen ich Depressionen bekomme.

21 Uhr. Nach dem Abendessen auf dem Platz von Casalmaggiore; ich erhole mich in einer Bar im Freien. Von den ersten Seiten der Zeitungen sind die Schlagzeilen über die Atomkatastrophe beinahe ganz verschwunden, nun gibt es nicht mehr viel zu sagen.
Ein großer Platz in Gestalt einer eiförmigen Mulde, am oberen Rand das Rathaus, nachgemachtes Mittelalter aus dem neunzehnten Jahrhundert. Die Fläche in der Mitte des Platzes ist mit einem Randstein aus Travertin eingefaßt, und eine ganze Seite nehmen die Stühle der Bars im Freien ein. Junge Männer, schon sommerlich ausstaffiert, auf der Weide, abendliche Zusammenkünfte mit jungen Damen im Licht der Straßenlaternen.
Depressionen mit Denkmüdigkeit. Zum Glück ein schönes Hotel gefunden und eine sympathische Wirtin, die mir erzählt, der Stadtkern von Casalmaggiore sei noch mehr oder weniger wie zu Stendhals Zeiten. Sie erinnerte mich an das Kapitel aus der »Kartause von Parma«, in dem Fabrizio mit falschem Paß in Casalmaggiore landet.

14. Mai 1986

In der Zeitung steht: Tschernobyl, ein Grab aus Zement. Der gelöschte Reaktor soll mit einem Gemisch aus Sand, Mörtel und Blei zugeschüttet werden.
Ziemlich bewölkter Himmel. Heute früh kam ich auf dem Weg aus Casalmaggiore hinaus durch ein Viertel mit Bürgerhäusern aus den dreißiger Jahren, deren Anmut ins Auge fiel. Als ich versuche, den Weg, den ich gegangen bin, wieder zurückzugehen, sehe ich umherschweifende Straßen, Arkaden und alte Paläste mit abgeblättertem Mauerwerk, bis ich zu den Gassen hinter dem Rathaus komme und von da zum Hauptplatz. Dabei fällt mir ein, in einer Bar auf dem Platz sagte die Kellnerin im Scherz zu einem Gast: »Passen Sie auf, sonst geb ich Ihnen noch verseuchte Milch, wenn Sie keine Ruhe geben!«
Von dem Platz aus kommt man, wenn man hinter dem Rathaus wieder die leicht ansteigenden Gassen hochgeht, auf den Damm des Po. Neben einem alten Stadttor in unregelmäßiger Reihe Paläste aus dem achtzehnten und neunzehnten Jahrhundert, jeder hat eine andere Fassade, Form und Höhe, ihre Linien – ohne schroffe, kantige Ecken – folgen den Windungen des Dammes und des Flusses, der in der Ferne immer breiter wird.
Obschon man an dieser Stelle spürt, daß der Flügel des Vergessens die schönen Paläste gestreift hat, ist doch auch der Fluß da mit seinem strömenden Wasser, und so erscheint das Vergessen als ein großherziges Strömen. Wenn man von hier aufbricht und die ganze Stadt ostwärts durchquert, um wieder auf

die große Landstraße nach Parma zu kommen, stößt man nur auf abschweifende Straßen.
Nicht das Straßennetz der modernen Städte in lauter rechtwinkligen Bahnen, sondern ein Gebilde aus windungsreichen Bewegungen, die ihrerseits auf andere windungsreiche Linien aufgepfropft sind, mit Umwegen überall, wobei einem durch den Kopf geht, welches Wunderding kreatürlichen Lebens eine Stadt eigentlich ist. Dann der Eindruck, in allen diesen abweichenden Straßen und Gassen müssen die Numerierung der Häuser und die kommunalen Straßenbenennungen als etwas Unverständliches angekommen sein, denn solche Orte sind ja ganz anders im Sinn zu behalten: mit der Phantasie des Körpers, der in einem Raum der Zuneigung herumgeht.
Am Ortsausgang von Casalmaggiore; AUTOMARKT PEUGEOT TALBOT, lauter Wimpel. Die große Brücke über den Po, links unten dicht hintereinander mehrere Stellen, wo halbmondförmige Landzungen, auf denen sich das vom Fluß angeschwemmte Material ablagert, Flußschleifen absperren und so den Lauf des Flusses verändern.
Im Bus nach Colorno, neun Kilometer von Casalmaggiore entfernt. An der Straße Plakate: WOHNZIMMER MERILI COLORNO, VERKAUF PESCEGATTO, WERBUNG ASTREA, RESTAURANT STENDHAL.

Eine elastische Binde gekauft, die wundgelaufenen Stellen des Fußes in der elastischen Binde mit Watte gepolstert. Ich hinke ein wenig, aber in Colorno gefällt mir alles, was ich sehe.

Ich gehe ganz um die Mauer herum, die den Park des herzoglichen Palastes umschließt. Es ist ein richtiges Schloß, und beinahe ehrfürchtig stehe ich in dem riesigen Park mit den vielen Bäumen oder vor der Fassade, die sich auf der Wasserfläche eines Kanals spiegelt. In anderen Zeiten werden wohl die Einheimischen ebenso ehrfürchtig dagestanden haben wie ich, angesichts einer solchen Pracht.
Auf der Umgehungsstraße; Besuch im Friedhof, allen Toten Gutentag gesagt. Dann ein Besuch in dem kleinen Bahnhof, der lustig oben auf der Höhe steht, mit seiner ungewöhnlichen Treppe, die zwei Aufgänge hat (ungewöhnlich für einen Bahnhof). Der Morgenspaziergang endet auf dem großen freien Platz vor dem Haupteingang des Schlosses, wo die Stühle einer Bar im Freien stehen.
12 Uhr. Die Fassade des Schlosses im Gleichgewicht zwischen zwei Wehrtürmen, die Kirchtürmen gleichen, und die Statuen auf dem Dachsims blicken herunter wie Götter vom Himmel. Mich beeindruckt, daß der Abstand zwischen den Fenstern nirgends einer Regel folgt, ich kann kein Schema erkennen, spüre aber einen Rhythmus in der Fassade. Der Hochmut einer Eleganz, die nie ihre Schemata nach außen kehrt, denn sie weiß, daß die Vollkommenheit nicht auffallend sein darf und daß der Rhythmus jenseits der Regelmäßigkeit entspringt. Nichts liegt hier ferner als der Zwang, alles nach dem erkennbaren Schemata und den festen Maßen zuzuschneiden, von denen die bewußten Eigenheime auf dem Land geprägt sind.
In der Bar alte Männer mit Stöcken; sie hören einem

zu, der durch die Schließung der Irrenhäuser auf freien Fuß gelangt sein dürfte. Sie verspotten ihn nicht, hören ihm mit Ernst zu. Er sagt etwas, das ich nicht verstehe, und einer antwortet ihm: »Geh zu, Radioaktivität gibt's doch hier keine!«
Als ich später schließlich im Schloßhof stand, versuchte ich mir vorzustellen, wie dieser Bau aussehen wird, wenn er von oben bis unten mit Industrie-Farben, den einzigen im Handel erhältlichen, angestrichen sein wird. Vermutlich steht er dann den Eigenheimen, die ich gesehen habe, näher, und die modernen einheitlichen Farben (so einheitlich wie auf dem Musterkarton eines Handelsvertreters) werden die Fassade platter und eintöniger machen, und sie wird weniger stolz sein auf ihre Eleganz, die der Zeit zu trotzen schien.
Ich habe schon viele altehrwürdige Paläste gesehen, denen es so ergangen ist, und auch dies Schloß wird seinem Schicksal nicht entgehen. Ende des Besuches in Colorno.

Es gibt einen Bus von Colorno nach Mezzani, er fährt ostwärts in Richtung Brescello und Guastalla. Nichts aufzuschreiben während der Fahrt, aber bei meiner Ankunft höre ich arabische Musik in der Luft, einen echten Maluf mit seinem endlosen, klagenden Gleichklang.
Beschreibung des Ortes: eine schmale lange Straße, die im Zickzack über das flache Land führt, nur einige Bauernhäuser zu sehen, sonst vor allem Einfamilienhäuschen mit Gärtchen voller Blumen, hier aber ohne Gartenzwerge, vollkommen schmucklos.

Am Eingang zu der fraglichen Ortschaft Bäume den Bürgersteig entlang, eine große Stille bei den Häusern, auf der Straße kaum ein vorbeifahrendes Auto; Kinder spielten mitten auf der Straße mit großen Nylonsäcken, füllten sie im Laufen mit Luft und versuchten sich dann in großen Luftsprüngen, um schließlich das Fliegen zu probieren.

Die Musik kam von rechts, wo ein Weg querfeldein führte. Ich komme vor einen Bauernhof, eine schwarz gekleidete Frau steht in der Tür und fragt mich: »Haben Sie was zu verkaufen?« (Wohl wegen meines Rucksacks?) Ich sage nein und daß ich zu den Musikanten möchte, und sie meint: »Sind das Ihre Leute?« (Ich rekonstruiere: Sie hat mich für einen fliegenden Händler gehalten, also könnten die Araber, die ja oft fliegende Händler sind, meine Leute sein.)

Der Weg macht eine Kurve, und dann steht man auf der Tenne eines verlassenen Bauernhofs. Das Haus ist verschlossen, alle Türen und Fenster sind zu, nur die Stalltür ist offen, und von da kommt die Musik. Unter der Tür erscheint ein Junge, vielleicht fünfzehn Jahre alt. Die Musik wird ausgemacht. Zwei Erwachsenere tauchen auf, mit Schnauzbärtchen beide.

Sie schauen mich an, aber der älter Aussehende geht auf mich zu. Er spricht schlecht italienisch, erklärt mir, der Stall sei unbewohnt gewesen und: »Wir machen nichts Böses.« Ich glaube, er hält mich für einen Polizeispitzel, da frage ich ihn mit plötzlicher Eingebung: »Men ain atait?« Und er fängt an, auf arabisch zu reden, um mir zu sagen, daß sie Tune-

sier sind und noch vieles andere mehr, was ich nicht verstehe. Ich höre ihm zu, bis er fertig ist, ohne etwas zu verstehen; dann finde ich eine Lösung mit den Worten: »Maktub.« Und er zu mir: »Maktub inshallah.«
So ging ich weg.

Die Dammstraße gefunden, ich merke, der Frühling ist beinahe auf dem Gipfel seiner Pracht, die Felder gemasert vom roten Profil der Mohnblumen.
Auf dem Fluß ein Baggerboot, um den Grund auszuheben und Kieselsteine zu fördern, ein Bootsmann schreit sich nach jemandem beinahe die Lunge heraus, aber seine Stimme verhallt ohne Antwort. Hoch und tief, Ost und West, weit und eng und noch viele andere solche Dinge verflüchtigen sich auf der Wasseroberfläche, wo vereinzelte Sonnenstrahlen ein Geglitzer veranstalten, das mich leicht benommen macht. Ich weiß nicht einmal, ob es regnet oder ob eine vom Wind hergetragene Spucke auf mich gefallen ist.
Von der Brücke in Cogozzo bis nach Brescello nur neun Kilometer. Ein Dackel läuft mir nun nach, blickt tiefernst auf den Boden, läßt sich nicht mit mir ein. Rechts die Schleuse der BONIFICA BENTIVOGLIO, hier sind die Anwesen ganz anders als in der Gegend von Cremona. Keine quadratische Anlage, sondern Wohnhaus, Stall und Scheune nebeneinander in einer Reihe oder das Wohnhaus und die Scheune einander gegenüber und in der Mitte die Tenne zum Dreschen.
Der Dackel ist ein sehr ernster Typ. Er wirft nur

schräge Blicke um sich und beschränkt sich im übrigen aufs Schnuppern, ist ungeheuer beschäftigt. Die grasbewachsenen Dämme sind stufenförmig angelegt, ich gehe auf der höchsten Stufe und der Hund hinter mir auf einer der unteren. Wenn ich aber stehenbleibe und ihm pfeife, dreht er sich um und blickt in die Landschaft.

Mein wundgelaufener Fuß hat geblutet, Watte und Socken haben sich zu einem Wulst zusammengedreht. Auf einer Wiese mit sehr hohem Gras, wo auf einem Schild steht: »45. Breitengrad«, gehe ich von einer Region der Welt in eine andere; in der Ferne sehe ich die Brücke von Viadana, und mit dem Herz bin ich schon beinahe halb dort.
Schließlich sehe ich auch die runde Kuppel der Kirche von Brescello. Auf der Landstraße unterhalb des Dammes schwerer Lasterverkehr, der Krach der vorbeifahrenden Brummer und das Zittern in der Luft. Vororte mit gewundenen Straßen wie in Casalmaggiore, ich sehe Paläste aus anderen Zeiten, die nicht übel sind. Aber das ist schon Brescello!

Gleich bin ich da. Ich sehe Boretto, die Kuppel seines Doms wie Sankt Peter in Rom, nur in klein. Von dem Damm, wo die Vorrichtungen für die Weltmeisterschaften für Boote mit Außenbordmotor sind, hinüber über die Straße und die Treppe hinunter, die hinter die Kirche führt, von dort weiter in Richtung der Neubauten und schließlich eingeschwenkt in die Bahnhofsallee mit dem gesegneten Gasthof zum Bersagliere.

Noch eine letzte Rast, noch eine geraucht und den Fuß gelüftet. Hinter mir die Brücke nach Viadano-Mantua, ein nicht abebbender Verkehr und ringsum das unländliche Land, lauter Fabriken von hier bis Guastalla, und am anderen Ufer bis Cogozzo und Casalmaggiore. Ich sehe nur wenige Vögel in der Gegend, aber Unkraut schießt hervor und besetzt allerorten das unbebaute Gelände.

Wo nicht die Tanks irgendwelcher Fabriken oder die Erdhaufen irgendwelcher Kiesgruben sind, haben sich diesen Damm entlang kolonienweise mehrere Völkerschaften niedergelassen, einige kriegerisch und angriffslustig wie die Disteln, andere unheimlich wie die Schachtelhalme, wieder andere langweilig wie die Brennesseln. Gräser, die auf nicht stickstoffhaltigem Gelände gedeihen, Sträucher, die im Ruß der Fabriken wachsen, Pflanzen, die an den vom sauren Regen verseuchten Bäumen hochklettern; hier, wo ich jetzt bin, sind sie über die Betonschale hergefallen, die man dem Damm übergestülpt hat, und auch hier gedeihen sie üppiger denn je.

Zwischen den Wolken ist es zu einer Schlacht gekommen, dann werden sie von einer Luftbewegung in alle Winde zerstreut, und Zirrusfetzen segeln nun über den Wipfeln der Pappeln am anderen Ufer. Als ich noch jung war, las ich unentwegt, ich hatte Angst, ich könnte etwas versäumen, und jetzt kommt es mir vor, als fließe das Versäumte und das Gefundene in demselben Flußbett dahin.

Das einzige, was man verstehen kann, ist vielleicht, daß wir Fremdlinge sind in diesem Tal der Tränen, nicht hineinpassen in dies einzige Leben (Unglück, Schmerz, Tod), das wir haben. Und daß alles darauf hinarbeitet, uns das Gedächtnis zu nehmen, uns hilft, Dämme zu errichten, damit wir sagen können, »es hat auch seine guten Seiten«, damit wir Gartenzwerge vor unsere Haustür stellen, kurz, damit wir immer und überall sagen und zeigen, daß dies Leben etwas ganz anderes ist, als es ist.

16. Mai 1986

Die Wirtin des Gasthofs zum Bersagliere erzählt, ihr Vater habe diesen Gasthof 1917 gekauft, als Boretto ein ziemlich wichtiger Ort war, wegen des Flußverkehrs und der Verbindung zwischen Parma oder Reggio Emilia und dem anderen Ufer des Po. Der Gasthof ist unversehrt erhalten, heute ein Quartier für Lastwagenfahrer, die sich abends beim Essen über die Tische hinweg unterhalten, während die Wirtin sie bedient, als wären sie Bekannte, die bei ihr zu Besuch sind. Unmittelbar der Eindruck, bei jemand zu Hause zu sein, und nicht in einer anonymen Durchgangsstation; in den großen Schlafzimmern fühlt man sich wie zu Besuch in einem alten Landhaus.
Gestern ist Sironi hierher nachgekommen, um mit mir über das Filmdrehbuch zu sprechen. Die Produzenten sind nicht besonders von uns angetan, denn auch in der neuen Bearbeitung gibt es zu viele Dinge, von denen im Zusammenhang mit Fausto Coppi niemand etwas wissen will (Unglück, Schmerz,

Tod). Aus unserem Film wird wohl nichts werden.
Mein Fuß ist immer noch wund, trotz der Behandlung der Apothekerin, die mir Ratschläge fürs Leben gibt. In der Zeitung lese ich, daß man in vielen Städten den Asphalt waschen will, um die Überreste der radioaktiven Substanzen zu beseitigen; den Rekord an Radioaktivität in der Luft hält nach endgültigen Mitteilungen die hiesige Gegend, Parma und Piacenza.

Nachmittags mit Sironi unterwegs, ich zeige ihm die hiesige Gegend, zuerst am Po in Guastalla und dann in Pomponesco. Die Allee, die von Guastalla zum Strand des Flusses führt, dort das Restaurant zum Leuchtturm und die weite Sicht auf den Fluß: alte Ehepaare saßen auf den Bänken und schauten auf das Wasser, ein einsamer Junge neben dem Landungssteg aus Beton redete für sich allein in einen Rekorder. Dann kamen die Schlager von Adriano Celentano und störten die Ruhe, sie wurden mit höchster Lautstärke vom Restaurant übertragen und klangen sehr falsch, fehl am Platz.
Wir nahmen den Weg, der hinter dem Restaurant den Kanal entlangführt. Dort sind einige kleine Holzhäuser fürs Wochenende im Sommer, eines steht in einem sehr gepflegten Gärtchen voller Blumen, hat einen Bretterzaun und ein grünes Gartentor. Ans Gartentor hatte der Besitzer ein Schild gehängt: WER MIR EINE BLUME STIEHLT DEN SOLL EIN RADIOAKTIVER SCHLAG TREFFEN.
Von der Stelle aus sieht man nichts als Pappelwäld-

chen an beiden Flußufern. Um sich ein Bild davon zu machen, wie über diese ländliche Gegend die Fabriken hergefallen sind, muß man über den Po und von Viadana nach Pomponesco gehen. Ich habe schon verschiedentlich versucht, diese Gegend zu beschreiben, was mir aber nicht gelungen ist: eine grenzenlose Industriegegend, in der man sich verläuft und immer wieder auf kleine Wegweiser mit vielen, vielen Fabriknamen stößt wie an der Peripherie einer Großstadt.

An dieser Stelle möchte ich von Pomponesco sprechen. Nach Viadana verläßt man die Landstraße und geht auf einer anderen Straße in Richtung Po; wenn man dann im Dorf ankommt, glaubt man, man sei in eine andere Zeit geraten: Pomponesco besteht aus lauter geraden, einander im rechten Winkel schneidenden Straßen, wie Guastalla und Ferrara aus einem Straßennetz der Renaissancezeit, das nach dem Muster einer römischen Festung angelegt ist. Nur wenige Einwohner, am Sonntagmorgen kann man in diesen geraden, stillen Straßen das Gefühl bekommen, man sei in einer fernen Grenzsiedlung. Das Dorf liegt rings um einen wunderschönen rechteckigen Platz, den weder Beton noch sonst irgend etwas Neues entwürdigt. Ein Ausblick, am Ende von zwei am Damm lehnenden Säulen gerahmt, durch eine sich trichterförmig verjüngende stille Straße mit schönen altehrwürdigen Häusern führt das Auge aufs offene Land hinaus. Am Straßenende taucht das offene Land hinter einem Horizont auf, wobei es die unbestimmte Ferne ahnen läßt, die unserem Standpunkt im Raum erst einen

Sinn gibt. Fast immer leer der schöne Platz, auf dem die Leere freundlich empfängt, und wir Empfangenen die anderen vorübergehend Empfangenen ohne das sonst gewohnte Unbehagen wahrnehmen konnten.

Ich führte Sironi auf den Damm am Ende des Platzes, über Pfade durch Pappelwäldchen, denn ich glaubte, so kämen wir ohne Mühe zum Po, aber wir verliefen uns in den Pappelwäldchen, die sich in alle Richtungen ausdehnen. Eine Lichtung war von einer Unkrautart überwuchert, die ich noch nie gesehen hatte; Pflanzen, aus deren Stengel ein einziges aufgeblähtes Blatt mit einer wie poliert glänzenden Oberfläche herauswächst, deren Grün künstlich aussieht. Auch die Pflanzen selbst sahen aus wie künstliche, denn ihr Glanz war übertrieben, die Gestalt des Blattes wie bei einer Seerose, aber aufgeblasen: wie ein leicht monströser Kunststoff, der manweißnichtwie eine Form der Natur angenommen hat und sich von der Natur nicht mehr unterscheiden läßt.

Diese Pflanzen erinnerten an das Unterholz in einem Walt-Disney-Film oder an ein Unterholz auf irgendeinem fernen Planeten, in einer Welt unweit der der verwunschenen Häuschen, die ich in diesen Tagen gesehen habe. Nachdem wir uns im Wald verirrt hatten und vom Weg abgekommen waren, dachten Sironi und ich, die Pflanzen, die die ganze Lichtung überwuchert hatten, könnten nach dem Niederschlag der radioaktiven Substanzen hervorgesprossen sein, so wie sich durch den sauren Regen Kolonien vieler Unkrautarten niederlassen

und Völkerschaften schwächerer Pflanzen verdrängen.
Morgen geht es zurück in die großen Städte, Niederlassungen von Völkerschaften, die gleichfalls auf sterilem Gelände gediehen sind.

17. Mai 1986

Gleich nach dem Aufwachen, immer noch in Boretto, auf dem Damm, wo die Anlagen für die Weltmeisterschaften der Boote mit Außenbordmotor sind: der große weiße Treidelsteg für die Einholmanöver. Ein Boot mit Außenbordmotor wendet unter der Brücke nach Viadana, nun kommt es näher, in großen Sprüngen über das Wasser setzend, als müßte es auf einmal hochfliegen. Ich bin auf den Damm gegangen, um kurz vor der Abreise einen Schluß für dieses Tagebuch zu finden, habe aber noch keinen gefunden.
Vorgestern haben Sironi und ich mit dem Auto einen Abstecher nach Tortona und nach Castellania gemacht, um Livio Coppi, Faustos Bruder, zu besuchen. Eine sehr grüne, noch unversehrte Hügelgegend, über die noch keine Industrie hergefallen ist, wenn auch die großen Wälder um Castellania verschwunden sind, die es noch gab, als Fausto ein Kind war. Am Rand des Dorfes, das aus acht bis zehn Häusern besteht, hat man eine Art Wallfahrtsstätte aus Beton zu seinem Gedächtnis gebaut, wo alle Siegestrophäen seiner gewonnenen Fahrradrennen aufbewahrt sind: aber das Ganze so häßlich, so

grau und so deprimierend, mit einer so abscheulichen Statue von Fausto, daß Livio schon traurig wird, wenn er nur daran denkt.
Auf der Rückfahrt grübelte Sironi über seinen mißglückten Film nach und schimpfte. Wir kamen über Dosolo, wo es ein geschlossenes Kino gibt, mit leeren Schaukästen und einem traurigen Vordach ohne Lichtreklame. Und dazu meinte Sironi folgendes: »Schön war das Kino früher vor allem auf den kleinen Dörfern auf dem Land, dort gab es den Leuten viel Stoff zum Nachdenken und zum Träumen. Jetzt machen alle Kinos auf den Dörfern zu; vorbei ist's mit dem Träumen, das Fest ist aus.«
Später sahen wir uns auf dem Corso von Guastalla herrschaftliche Häuser an, deren Fassaden massakriert waren vom modernen Oberlicht einer Luxusparfümerie, vom grellen Schild eines Bekleidungsgeschäfts oder einer Reklame für irgendeine Fernsehermarke. So viele umsonst massakrierte Fassaden in Guastalla, und Sironi schimpfte weiter.
Am Abend sahen wir in einer Bar auf dem Platz von Brescello im Fernsehen eine Debatte von Experten, die über die Explosion von Tschernobyl diskutierten. Niemand kann sagen, wie sich die radioaktiven Substanzen, die vom Himmel heruntergefallen sind, auf Gras, Bäume, Tiere und Menschen auswirken werden; niemand kann sagen, ob sich dasselbe nicht heute oder morgen hier bei uns oder anderswo wiederholen kann; niemand kann in Wahrheit glauben, daß die Atomkraftwerke eines Tages geschlossen werden, um uns alle vor drohenden Unsicherheiten

und Gefahren zu bewahren. Und trotzdem kehrte jeder einzelne dieser Experten unentwegt hervor, daß er mit hundertprozentiger Sicherheit alles verstanden hatte, was geschehen war und noch geschehen wird.

Ich bin drei Tage herumgegangen, um etwas zu beobachten, aber was ich beobachtete, war schon verworren, was ich dachte, unsicher, nur Unsicherheit vor dem Kommenden. Ich glaube, daß wir beinahe alle in kürzester Zeit die Nachrichten schon wieder vergessen haben, die uns vor einigen Tagen so betroffen machten; sie werden nichts sein als verwelktes und ein wenig mysteriöses Zeug, eine ähnliche Wirkung auf uns haben wie kürzlich auf mich die staubigen Fensterläden einer Villa in Orbetello.

Die sogenannte »Wirklichkeit« ist etwas leicht Verderbliches, sie unterscheidet sich nicht genau von einem Trugbild. Zwangsläufig kommt der Verstand immer zu spät: er versteht es eben nicht, wie alles vergeht und sich im Unsicheren verläuft und wie uns das Vergessen allerorten umgibt und davonträgt.

Erkundungsreisen über die Dämme

20. Mai 1983

Früh am Morgen aufgestanden, vor den Toren Bolognas auf der Suche nach Nebenstraßen, die zum Po führen. Hier steht ein Komplex riesiger Blöcke mit Eigentumswohnungen, alle gleich hoch und gleich lang, die Rolläden alle in der gleichen Farbe, ein halber Kilometer. Wir wissen nicht mehr, wo die Städte aufhören: lauter Viertel, eins nach dem anderen, Einbahnstraßen, Verkehrsampeln; wo eine Stadt aufhört, zeigt keine Territorialgrenze mehr, sondern ein Wechsel im Fahrstil, während wir darauf warten, unseren Bestimmungsorten zugeführt zu werden.
Nach Castelmaggiore kommt mir bei den Gleisen eines Bahnübergangs etwas in den Sinn; früher begann das freie Feld und die Linie des Horizonts an ganz bestimmten Stellen, und die Kirchtürme dienten dazu, daß man sich jenseits dieser Stellen orientieren konnte. Hier folgen auf die Plakate EINRICHTUNGEN und GEBRAUCHTWAGEN Getreidefelder zu beiden Seiten einer Umgehungsstraße und dann eine Landschule an einem Feldweg.
Den Feldweg entlang Reihenhäuschen: rechteckige Betonkokons, von Mäuerchen umgeben, die alles in gleiche Besitztümer unterteilen, jedes Haus hat eine große Nummer in der Höhe und einen glänzenden Sonnenkollektor auf dem Dach.

Die Ebene ist wie ein Schachbrett, über vierzig Kilometer schneiden sich die Straßen, alle schnurgerade, Wege führen hinauf und hinunter über die Dämme der Kanäle, an denen wir entlang fahren, und es ist immer, als wäre man in einer Erdfalte. So flache und so einförmige Gegenden, daß alles in Augenhöhe horizontlos erscheint, und man sich nach einer kleinen Erhebung sehnt, um in die Runde zu blicken.
Schon ist Luciano mit Schwung in eine Straße eingeschwenkt, die auf einen Damm hinaufführt, und dann waren wir plötzlich auf der Tenne eines Bauernhofes. Ein Mann und eine Frau, die mitten auf der Tenne standen, sahen uns ausdruckslos an.
Wir gehen in eine ländliche Gemischtwarenhandlung, die auch eine Bar ist und ein Laden für Artikel aller Arten, so was wie ein Vorposten, um etwas zu essen zu kaufen. Beim Eintreten erinnerte mich der dunkle Raum daran, daß die Augen der Leute früher andere Gewohnheiten hatten als die unseren und nicht das Bedürfnis, alles ganz ausgeleuchtet zu sehen.
Kleine Auslagen mit Nudeln und Kartoffeln, Puppen und Parfüm, Spielzeugschachteln mit Plastikfiguren, Spiele mit dem Konterfei eines Fernsehmoderators, während von der Decke Würste und Schinken herunterhängen, die die Enge im Raum noch bedrückender machen. Im Dämmerlicht saßen zwei alte Leute, eine Frau und zwei Kinder, die durch die mit Baststreifen abgeschirmte Tür das Licht auf dem Asphalt betrachteten.

Gegen den Himmel Mohnblumen auf einem Damm, die der Wind bewegt, und der Himmel so düster, so schwer. Leeres Land. Bei all dem bekomme ich Lust zu schreiben, als würden die Worte Dingen folgen, die außerhalb von mir sind. Wenn ich in die Ferne schaue, erscheint zuerst eine große Öffnung in dem Raum da draußen, die Leere, die alle Dinge aufnimmt: Erst nach einer Weile zieht sich die Öffnung zusammen, um meinen Blick an etwas zu heften, das eine Lockung ausschickt, wie wenn in einem Film von John Ford am Horizont ein Indianer auftaucht. Wir werden von dem gelenkt, das uns ruft, und nur das begreifen wir; den Raum, der die Dinge freundlich aufnimmt, können wir nur verworren erfassen. Ideen, die ich mir auf die Reise mitgenommen habe, sie entstammen einem Gedanken Leopardis vom August 1821.
Es ist noch früh, die Sonne erhebt sich so langsam über diese Ebenen, daß man den Mittag abwarten muß, damit sich die Schatten auf dem Boden ausstrecken. Wir haben haltgemacht am Ufer eines beinahe ausgetrockneten Baches und sind nun irgendwo zwischen den Provinzen von Modena und Ferrara.
Luciano Capelli fotografiert gerade eine kleine Brücke aus Beton mit einem verrosteten Geländer, Mohnblumen am Brückenrand und im Hintergrund weiße Wolken. Luciano ist mitgekommen, um diese Landschaft von den Dämmen aus zu fotografieren, bis zum Flußdelta (falls wir es erreichen), und seine Geduld ist ein Trost für mich, ich schaue ihm gerne zu. Das Wasser in dem Bach steht und ist rötlich ge-

färbt, der Schlick am Ufer ist rissig wegen der monatelangen Dürre, und der wollige Pollen der Pappeln liegt auf allem, auch auf einem Brocken Teer. Kamille wächst da und dort in einem Graben voller Schutt, wo ein aufgeschlitzter Autoreifen eine Grenze anzeigt, wovon, weiß ich nicht.

10 Uhr. An einer Abzweigung in der Gegend von Suzzara: Carabinieri mit kugelsicherer Weste und gezücktem Maschinengewehr hielten die Autos an und richteten ihre Maschinengewehre gegen die Fenster. Dann sah ich sie kleiner werden, in der Ebene aufgestellt genau wie die Heuballen auf den Feldern. Auf den bebauten Feldern sprühen drehbare Wasserstrahler über weite Entfernungen, und wir machen Rast und betrachten das Grün des Rübenkrauts, einen Getreidespeicher mit hohem Silo und im Hintergrund eine Reihe Häuschen mit einem seltsamen, wolkenblauen Anstrich.
Auf einen größeren Flecken am Boden hinweisend, sagte uns ein Herr mit Fahrrad, hier sei ein Kanister Herbizid verschüttet worden und es seien wer weiß wie viele Jahre nötig, bis hier wieder irgend etwas wachse. Trotzdem ist es auf der anderen Seite des Po noch schlimmer, wie er sagt, denn dort ist der Boden sandiger und die Herbizide sickern sofort ins Grundwasser, und so wird das ganze Wasser verseucht. Alter Herr per Rad – verabschiedet hat er sich so von uns: »Ach, wer weiß, was uns noch alles passieren muß!«

Endlich am Po. Die Eisenbahnbrücke über den großen Fluß schwingt in den Gelenken der einzelnen Abschnitte jedesmal, wenn ein Lastwagen darüberfährt, und so bebt auch die Erde unter unseren Füßen, während wir uns das Hochwasser ansehen, das die Sandbänke zwischen den beiden Ufern überschwemmt hat. Bauminseln steigen aus dem Wasser auf, und unter der Brücke ist eine Kiesgrube mit Baggergreifern und Förderwagen, das kleine Boot am Ufer festgemacht. Auf einem Schild am Ende der Brücke steht: BORGOFORTE. Am Himmel dicke Wolken, himmelblau bis indigo, verschwommen weiß an den Rändern.
Jenseits der Brücke unterhalb des Dammes rechteckige Getreidefelder, eines neben dem anderen, so weit man sehen kann. Raben fliegen über die Felder und Stare gruppenweise über unsere Köpfe, die Sonne hoch im Zenit. Auf dem Damm kommt ein Fuhrwerk mit einem uralten Gaul vorbei, auf dem Fuhrwerk steht ein Mann, der einen Apfel ißt und uns grüßt, während er einen Bissen hinunterschluckt.

Bei unserem ziellosen Herumfahren gerieten wir vorhin auf die Umgehungsstraße von Borgoforte, unter große Platanen, die ein undurchsichtiges Gewölbe bilden. Dort ist eine Volksschule, die den Namen eines Dichters trägt, man hörte ferne Radiogeräusche, wie durch ein Wunder war kein Auto unterwegs, Kinder spielten mit einem Reifen mitten auf der Straße. In solchen Alleen, den Nebeneingängen in die Dörfer, bekommt man den Eindruck, man könne dank der Stille, die sich über alles breitet, die

Gleichzeitigkeit wahrnehmen, welche die altgewohnten, immer aufs neue wiederholten Gesten der Einwohner eines Ortes bestimmt; so wie man beim Betreten eines fremden Hauses das wohltuende Ablaufen von Gewohnheiten spüren kann.

13.30 Uhr. In einer Bar von Borgoforte, wo wir gegessen haben. Während Luciano Flipper spielte, zählten drei Kinder die Punkte mit, lauthals deklamierend. Der alte hinkende Wirt legte dem kleinen Mädchen die Zöpfe ordentlich hin, als sollte es vor den Fremden eine gute Figur abgeben. Seine Frau, die sehr groß ist, führte mir die Bilder der Bauernmaler vor, die an den Wänden hängen, wobei sie diejenigen Maler mit ihren Namen erwähnte, die bei Wettbewerben einen Preis gewonnen hatten. Sie sagte: »Der da hat seinen Preis vom Herrn Minister Aniasi persönlich überreicht bekommen.«
Grelle Farben und rasche Pinselstriche zeigen stilisierte Bauerngesichter, Phantasielandschaften, Ansichten des Po, magische Tiere des Himmels. Der Flipper dieser Bar heißt AFRICAN QUEEN, und auf dem erleuchteten Bildschirm sieht man eine nacktbusige Pantherfrau, die einen Fuß auf den Kopf eines Löwen gestellt hat.
Die Kundschaft ist spärlich, und der Besitzer hat angefangen, uns die Geschichte einer Gräfin zu erzählen, die »im ersten Krieg« einen Kürassier-General geheiratet hatte; auf einer Rückfahrt aus Mailand hatten die beiden »einen schlimmen Autounfall«, bei dem *er* ums Leben kam, und *sie* wollte nie wie-

der heiraten. Und seitdem wollte sie die »Erzeugnisse aus dem Obstgarten« ihres Mannes nie verkaufen; und die Händler gehen zu ihr und fragen sie, ob sie ihnen ihre Birnen, Äpfel und Nüsse nicht verkauft, aber sie schickt alle weg, »oft auch mit bösen Worten«. Wenn aber Kinder kommen und ihr das Obst von den Bäumen stehlen, »dann können Sie mir glauben, daß die Gräfin sie sieht, sich versteckt, um ihnen zuzusehen, und nichts sagt, im Gegenteil, sie freut sich«.

Einer erzählenden Stimme zuzuhören tut gut, sie holt einen heraus aus dem abstrakten Loch, in dem man zu Hause sitzt und glaubt, etwas »im allgemeinen« begriffen zu haben. Man folgt einer Stimme, und es ist, als würde man den Dämmen eines Flusses folgen, wo etwas fließt, das man abstrakt nicht verstehen kann.

Allerorten Gewohnheiten, die zu Ohren kommen, ein Vorbeifließen von Erscheinungen, sobald man aufschaut.

Wieder am Po. Der Fluß ist angeschwollen und grau, das Wetter wird schlecht, und wir haben noch nicht beschlossen, was wir machen wollen. Unter der großen Eisenbahnbrücke hat das Hochwasser die Straße überschwemmt, die zu einer Werkstatt für Motorboote hinunterführt, mit einer Anlegestelle am Ufer des Po, wo ein Motorboot für Wettkämpfe an einem Zugseil in der Luft hängt. Gegenüber auf einem Floß eine Baracke mit Eternitdach und Fernsehantenne.

Ein kleiner Herr, Wollmütze auf dem Kopf, ein Mofa an der Hand, hat sich Luciano genähert, zuerst bleibt er einige Augenblicke stehen und schaut aufs Wasser, dann fängt er an zu reden. Er sagt: »Sechs Monate hat es nicht geregnet, und jetzt haben wir zu guter Letzt drei Meter Hochwasser, aber das Wasser ist nicht von hier; es kommt nämlich aus dem Veltlin, von den Regenschauern dort oben und nicht von hier.«

Luciano ist ein guter Zuhörer, und der andere fährt fort: »Einer, der sein Leben lang wo gewohnt hat, weiß alle Geheimnisse, die ein Ort hat, leider. Aber sagen wir nicht einmal ›leider‹, denn irgendwo muß man ja leben. Und mit dem Wasser kennen wir uns hier aus. Das einzige ist, man darf sich nicht anbiedern beim Wasser. Einer biedert sich an und springt hinein, nachher kann er nur hoffen, daß er heil davonkommt. Jeder macht seinen Stiefel, gut, aber er muß sich nach dem richten, was da ist.«

Er schaut zu einem Lokal an der Straße, die zum Fluß hinunterführt: »Das Lokal da beispielsweise hat seine gute Zeit im Sommer, eine Attraktion für die jungen Leute und alles. Wenn aber die Baubehörde sagt, das Wasser hat eine bestimmte Höhe überstiegen, dann müssen sie schleunigst dichtmachen und weg. Viele regt das auf, weil so das Dorf keine Attraktion mehr hat und sie wegfahren müssen und den Abend in einem anderen Dorf verbringen. Aber der Fluß ist ein böses Tier, der gibt nicht nach, eine Kraft, die kann sich keiner vorstellen, der es nicht weiß. Wenn er dir auf den Leib rückt, ist es besser, du öffnest ihm Tür und Tor in deinem Haus, damit sich das Wasser nicht gegen die Macht der

Mauern stemmen muß, sonst macht es alles kurz und klein.«
Er sieht mir beim Schreiben zu, wendet aber seinen Blick gleich wieder ab und sagt: »Man muß eben vorliebnehmen mit dem, was da ist, und so kommt man durch, denn durchkommen kann man überall, wenn man will. Auch in Sibirien, auch in China, wo es zu viele Leute gibt, kommt man durch. Nicht nur in Borgoforte.«
Er hatte bemerkt, daß ich schrieb, und danach fragte er Luciano, ob wir Journalisten seien. Er gab uns den Rat, uns die Schiffbrücke über den Oglio anzusehen, die einzige, die noch aus der Kriegszeit übriggeblieben sei. »Dann könnt ihr ehrlich sagen, ihr habt sie gesehen.«

17 Uhr. Durch die Begegnung mit dem Plauderer ist uns die Lust vergangen, gleich wieder wegzufahren. Gang über die Dämme des Po, bevor wir zur Brücke über den Oglio fahren.
Auf den Dämmen fallen einem Geschichten ein: von Flußschiffern, Landarbeitern, Kiesarbeitern und Holzfällern, von Waldleuten und von Flußleuten. Von der erhöhten Dammstraße aus kann man den Fluß und die Felder zugleich sehen, und manchmal auch noch sogenannte Binnendämme, die bei Hochwasser dazu dienen, die überschwemmten Gebiete einzudeichen. Unterhalb der Dämme auf den Bankflächen der einen und der anderen Seite kleine Wälder, früher wohl vor allem Weiden. Heute sind es überall Pappelwäldchen, in gestaffelten Reihen angeordnet (von welcher Seite man sie auch anblickt,

man sieht immer Baumreihen in diagonaler Linie), zusammen mit den Flußdämmen bilden sie eine Raumordnung, die es sonst nirgends gibt.
An der steinigen Straße Anwesen und Gehöfte im Stil der Gegend um Mantua. Ein großes Anwesen unterhalb des Dammes, die Ziegelsteine sind unverputzt, das Dach aus Hohlziegeln ist leicht abfallend. Wir entdecken bei den Fenstern der beiden Flügel eine Symmetrie, die in einem Muster vorstehender Ziegelsteine noch einmal zutage tritt, und eine leere Rosette genau in der Mitte über dem Torbogen. Feierlich liegt dieses Anwesen unter dem Damm, feierlich auch die quadratische Tenne zum Dreschen. Über dem Tor eine Schrift in Majolika: CORTE MOTTA.
Weiter vorn ödes Land, viele verfallene Häuser. Unter dem Damm hohes Gras wie in einer Prärie, eine bucklige Alte pflückt Kräuter; und weit in der Ferne fahren Lastwagen unter bleiernem Himmel.
Wir sehen einen Blitz, der in ein Pappelwäldchen einschlägt, das hinter uns liegt; jetzt löst sich aus den Wolken eine Art verschlungenes Gefaser von intensivem Blau, bleibt unbewegt stehen, verbindet Himmel und Erde. Eine Windhose, vor der alles ausreißt, die Raben im Tiefflug, die Ringeltauben gruppenweise, die Stare, sich versammelnd und sich wieder zerstreuend, und es läuft auch die bucklige Alte in Richtung Macchia. Bei all dem Aufruhr in der Luft ist Luciano zum Fotografieren draußen geblieben, jetzt erleuchtet ein Blitz das Land, und es beginnt in Strömen zu regnen.
Zur Schiffbrücke über den Oglio kommen wir mit-

ten im Gewitter. Irgendwo draußen ist ein Hund, der gerade bellt, eine Reihe Pappeln steht im Wasser, einen Fluß kann man nicht mehr erkennen, weil er den Landstreifen weggespült hat, der ihn vom Po trennte. Mitten im Wasser einige Boote, auf denen Planken liegen, auf den Planken, halb im Wasser, Verkehrszeichen; beinahe stockdunkel.
Wo es noch dunkler war, mitten im Fluß, glaubten wir, auf einer anscheinend isolierten Planke direkt über der Wasseroberfläche eine zusammengekauerte Gestalt mit einer Kapuze auf dem Kopf zu sehen. Eine geraume Zeit glaubten wir sie dort draußen im Regen kauern zu sehen. Ich dachte an einen Narren, der den Orakelsprüchen des Wassers lauscht; aber es war unmöglich, aus dem Auto zu steigen, das Wasser reichte schon fast bis zum Kotflügel.

Spät, im Hotel. Vor dem Einschlafen sagt Luciano: »Wenn wir so weitermachen, kommen wir, glaube ich, nie zum Delta.«
Die Ideen, die ich auf die Reise mitgenommen habe, kann ich jetzt gar nicht gebrauchen. Zu stark unterscheiden sich die Gedanken, die einem kommen, wenn man unterwegs ist, von denen, die man bei sich zu Hause ansammelt, das ist zweierlei und paßt nicht zusammen. Was wohl heißen soll, daß wir nicht Herr sind über unsere Gedanken, eher sind sie es, die Rechte auf uns geltend machen, je nach der Situation, in der sie entstehen; und dann werden sie auch noch arrogant. Man muß die arroganten Kerle eben spazierenführen, damit sie an die frische Luft kommen.

21. Mai 1983

Mantua. In einem Hotel am Bahnhof abgestiegen. Ich habe mir die Chiesa di Sant'Andrea, den Bau nach einem Entwurf von Leon Battista Alberti, noch einmal angesehen. Dies System aus Tonnengewölben, wo das Licht durch die Kassetten der Decke gesteuert wird, in die Bögen hinunterläuft, sich im Halbdunkel der Ecken besänftigt und verstreut. Ein Raum mit Phrasierungen, die das Auge aufrütteln. Hier ist das Licht keine blendende Masse mehr, in der sich alles verliert, sondern die zentrale Achse einer Ordnung des Halbdunkels, in dem die Gläubigen verweilen (so gibt die Religion uns Verlorenen eine Richtung).
Auf dem Marktplatz die Planen und die Stände der Händler, Obst, Käse, Haushaltsgegenstände im Schatten der Torre del l'Orologio. Eine Schulklasse ging gerade in die Rotonda di San Lorenzo, die Kinder sahen so müde aus, daß ich ihnen folgen mußte.
Kaum standen sie drinnen, im Kreis der romanischen Säulen, da erklärte ihnen die Lehrerin: »Kinder, ihr müßt alles genau anschauen. Jeder einzelne Teil des Kreuzgewölbes heißt Kappe. Seht genau hin, ich führe euch doch nicht herum, damit ihr schlaft. Jede Säule bildet die Basis für einen Bogen, und jeder Bogen hat in der Mitte einen Stein, die sogenannte Bogenleiste. Die Kirche hier ist nicht gerade das Raffinierteste, aber ihren eigenen Stil hat sie doch.«
Die Kinder waren sehr, sehr schläfrig.

Auf dem Platz des Palazzo Ducale. Unter den Arkaden streitet eine amerikanische Mutter mit ihrem Kind, sie geht allein weg zum Eingang des Palastes, und das Kind bleibt mißmutig an die Mauer gelehnt stehen. Auf dem altehrwürdigen Steinpflaster des Platzes zwei reife weibliche Touristen in der Sonne, sie tragen durchsichtige Röcke und man sieht den Rand ihrer Unterhosen. Bekümmert über die Kleidung, die wir tragen, immer etwas, das uns auf die falsche Weise zugänglich macht.
Ebenso bekümmert, als ich ein Mädchen mit zu dikken Oberschenkeln und zu engen Jeans sehe, die am Schenkelansatz sichtlich einschneiden. Das Mädchen ist in Gesellschaft eines kleinen mageren Typs mit gestreiftem T-Shirt, der an einem Streichholz kaut, ich glaube, daß sie sich für den so anzieht (ich verabscheue den kleinen mageren Typen).
Familien steigen aus einem Bus, verschiedene Nationalitäten, Väter in Turnanzügen und ADIDAS- oder NORTHPOLE-Schuhen. Kinder und Halbwüchsige in T-Shirts mit den Namen amerikanischer Universitäten, nur die Frauen tragen richtige Kleider. Immer bleibt es Aufgabe der Frauen, die Familienehre halbwegs zu wahren; die Männer dürfen so schlampig daherkommen, wie sie wollen.
Im Park hinter dem Palazzo Ducale ein Touristenpaar, das anders ist als die anderen, wohl Slawen. Er hat ein Gesicht à la Louis Jouvet, lange Koteletten, Flatterhosen und merkwürdig hohe Absätze, und sie ist eine ältliche, ziemlich hagere Blondine. Sie gehen Hand in Hand spazieren, und jetzt gehen alle paarweise in den Park. Sie warten auf die Öffnungszeit

des Palazzo Ducale: Amerikaner, Japaner, Deutsche, breite Ärsche und schmächtige Mägdlein, alle bewegen sich auf die übliche Art, ohne genau zu wissen, wohin sie gehen.

11.30 Uhr. Gleich außerhalb von Mantua, auf der Fernstraße der unteren Poebene in Richtung Ostiglia. Wir lesen im Vorbeifahren am Tor eines alten Gehöftes: TANZ AUF DER TENNE, EINTRITT FREI.

Luciano am Steuer, er redet mit mir: »In manchen Augenblicken habe ich Lust, alles zu fotografieren, alles, was ich sehe, erscheint mir interessant. Dann schaue ich ins Objektiv und alles erscheint mir ganz gewöhnlich. Aber ganz gewöhnlich aus denselben Gründen wie vorhin, als ich es fotografieren wollte. Wenn ich dagegen nicht daran denke, daß ich fotografieren muß, dann passiert beinahe das Gegenteil: ein einzelner Gegenstand beeindruckt mich, ganz für sich allein, ohne viel zu überlegen, bringe ich ihn ins Bild und sehe, daß er im Bildausschnitt ein Eigenleben entwickelt. Das Problem ist vor allem der Bildausschnitt. Auch der Gemütszustand spielt eine Rolle.«
Wir sind in Richtung San Benedetto abgeschwenkt, diese Straße heißt Via Romana, denn sie führte die Pilger von jenseits der Alpen nach Rom. Welliges Land, Anbau von Getreide, Salat, Kohl und Heilpflanzen. Der Raum ist weit in dieser Landschaft, aber dank der Welligkeit nicht bedrohlich.
Die Linie eines grünen Feldes läßt in der Ferne die Krümmung eines beinahe gelben Feldes zum Vorschein kommen, das von einem sanften tonfarbenen

Abhang geschnitten wird. So ist das Auge nicht auf Gedeih und Verderb ausgeliefert wie in der absoluten Ebene, wo man nach einer Weile das Vertraute nicht mehr vom Ungewohnten unterscheiden kann, wo alles gleich wird und man ermüdet.

Ein Damm in der Ferne bildet die Grenzlinie der Erde, die Drähte der Hochspannungsleitung ziehen sich quer über die bestellten flachen Landstriche. Vor kurzem haben wir bei einem großen Baum gehalten, in den die Windhose von gestern abend gefahren ist; als wäre der Stamm mit einer riesigen Axt gespalten worden, ein solcher Riß ging von oben bis zur Erde. Vorüberkommende Autofahrer hielten vor dem aufgeschlitzten Baum und redeten, jeder erzählte, was er gesehen hatte, als die Windhose kam.
Auf der Eisenbrücke fahren wir über den Po, Pappelreihen ragen aus der Wasserflut hervor, die bis zu einer Sandgrube alles überschwemmt hat. Vor der Ortseinfahrt von San Benedetto liegt ein Monumentalfriedhof, der einst von Mönchen angelegt wurde, und ein kleines Stück weiter vorn eine Verkaufsstelle mit den Figuren, die man hier auf dem Land beinahe vor allen Häuschen sieht: Schneewittchen, die Sieben Zwerge, Schwäne, künstliche Baumstämme aus Alabasterglas, künstliche Brunnen aus Gips, künstliche Hundehütten, Madonnen in Grotten, ein Haupt Garibaldis, Schäfer und Schäferinnen.

San Benedetto, auf dem Corso. Als hätte hier jeder nur kleine Strecken zurückzulegen, und keine zer-

stückelten Strecken, müßte nicht bald hierhin, bald dorthin. Die Passanten haben keine Eile, wie die alte Frau, die ihr Fahrrad schiebt und mich anschaut, und es ist, als würde sie nach jedem Schritt langsamer. Auf dieser Seite des Dorfes erscheint mir alles annehmbar: die Fahrradständer am Straßenrand, die Arkaden vor den Häusern, die Erwachsenen oder alten Leute, die sich alle gemächlich bewegen, die wenigen geparkten Autos.
Zu meiner Überraschung nehme ich wahr: die Leute hier sind nicht ständig auf der Flucht. Sie kennen einander, sie grüßen einander, sie sprechen miteinander vom einen Ende der Straße zum anderen, sie rufen einander aus den Bars zu. Hier scheint niemand das Bedürfnis zu haben, sich ständig im weiten Raum hin und her zu bewegen, wie wir es machen, indem wir versuchen, unserer Lebensuntüchtigkeit beizukommen. Die Leute wohnen hier am Ort, im kleinen Raum, und es sind keine Wohnsitzinhaber, die überall sein könnten, wie wir Ortlosen, die nirgends einheimisch sind: das sieht man daran, wie sie auf der Straße daherkommen.
Der Bericht Lucianos vom anderen Ende der Hauptstraße klingt ganz anders. Die Hauptstraße läuft auf die Fassade einer Villa aus anderen Zeiten zu, und in diesem Teil sind Lebensmittelgeschäfte, zeitlose Bars, andere Geschäfte mit Lebensnotwendigem, Männer mit Hut auf dem Kopf vor den Bars und Frauen mit Kopftüchern, die langsam mit dem Rad vorbeifahren. Am anderen Ende wird die Hauptstraße von einem Damm abgeschlossen und sieht viel moderner aus. Links Arkaden mit moder-

nen Geschäften, Fotoartikeln, Kleidung für Jugendliche, elektrische Haushaltsgeräte. An der Ecke eine Bank hinter braungetönten Fenstern, vor der ein Pistolero, die Pistole auf dem Schenkel, postiert ist.
Zwei Mädchen fahren auf ihren Rädern vorbei, sie bewegen sich ganz anders als die Frauen mit Kopftuch im anderen Teil der Hauptstraße. Sie bewegen sich ruckweise, stets in kleinen Fluchtbewegungen, und mit jedem Ruck kehren sie ihre Unabhängigkeit hervor, als sie an dem Pistolero vorbeifahren, der an der Ecke vor der Bank postiert ist. Der Pistolero grüßt sie, und es sieht aus, als wüßte er genau, wie unabhängig, ja fast unnahbar sie sind, dort in der Sonne auf ihren Fahrrädern.

Wenn der Po Hochwasser hat, überschwemmt er als erstes die Bankflächen mit den Pappelwäldchen (die leiden nicht darunter, sie gedeihen im Gegenteil noch besser und versprechen raschen Gewinn), und hier ist eine Barriere aus Dornengestrüpp, Schilf, Himbeerranken und Sauerampfer, hinter der wir das überschwemmte Pappelwäldchen sehen. Im stehenden Wasser spiegeln sich die Wipfel der Bäume, so daß es aussieht, als wäre unter Wasser ein ungeheures Dickicht, durch das ein Mann mit einem kleinen Boot fährt, wobei er mit einer Stange anschiebt.
Östlich von San Benedetto haben wir auf dem Damm einen Platz entdeckt: LIDO MARTA. Es ist eine Bar mit Tanzfläche im Freien am Ufer des Po; vor der Bar hinter einem Zaun aus Maschendraht

drei Äffchen, hinter einem anderen Gänse und Pfauen und hinter einem dritten Maschendraht Zwerghähnchen.
Allmählich wird es sehr heiß, und es ist, als würde das Land unter der Schwüle seufzen. Auch Luciano seufzt, während er mir eine Geschichte von seiner Tochter erzählt: Seine Tochter ist sechs Jahre alt, und oft wird sie von der Person, die sie abholen sollte, im Kindergarten vergessen, und eines Tages fragte sie ihn, ob es nicht möglich wäre, sich ein anderes Leben zu kaufen, ein Leben, das wir gern hätten, mit einer neuen Familie und allem. Wir seufzen über alle schiefgegangenen Familien und Beziehungen, über alle Wohnungen und Menschen, die wir schon verlassen mußten, und dann auch, weil wir noch so weit von der Flußmündung entfernt sind.

Eine Sandgrube hinter uns gebracht, welche die Dammstraße unterbrach. Eine hochragende Maschine mit Förderbändern, auf denen noch das Erdreich liegt, mitten in einer Art Heide, die über den Damm gewachsen ist. Auch die Förderwagen stehen noch halb voll da, und auf zwei Sandkegeln wächst schon Gras. Ringsum ist alles unbebautes Terrain, von Sand- oder Tonerdegruben aufgewühltes Land, das dann, sich selbst überlassen (wie es immer geschieht), zu Heideland verwildert.
Die Frau in der Bar hat uns den Weg gewiesen, es geht durch lauter unbewohnte Orte. Dörfer, die in keinem Führer stehen, von denen niemand gehört hat. In einem war nur ein Esel, der an dem Gras schnupperte, das auf einem Bürgersteig

gewachsen war, in einer menschenleeren Straße mit der Widmung an PALMIRO TOGLIATTI, CHEF DER KOMMUNISTISCHEN PARTEI ITALIENS. In einem anderen Dorf ist ein überdimensionaler Mussolini-Kopf an eine Hauswand gestempelt, mit einer kriegerischen Inschrift darunter, in der Nähe eines Herrenfriseursalons, der ganz mit Brettern verrammelt ist. Männer in einer Bar, aber niemand auf der Straße; außer einer Frau mit einem Kind im Arm, die zu einer Telefonzelle neben einem Maisfeld geht.

Das kleine Dorf hieß MIRASOLE, andere Namen auf Straßenschildern: SAN SIRO, QUINGENTOLE. Wir fahren weiter und stoßen auf eine Schleuse, Kanäle zwischen hohem Gras verlaufen schnurgerade bis zum Horizont. Auf der Mauer der Schleuse eine Reihe klassizistischer Statuen und das faulige Wasser darunter voll Kürbisschalen. In der Nähe ein alter Friedhof mit lauter verfallenen Grabsteinen, während wir zwischen den Gräbern rasteten, hörte man von weither einen Fernseher.

Ein Fußballspiel wird übertragen, das bemerken wir, als wir durch ein weiteres unbewohnt aussehendes Dorf kommen. Die alten Häuser, noch mit Farben angestrichen, die jetzt nicht mehr im Handel sind (viele blau, eine mit Grünspan hergestellte Farbe, den man heute nur noch zum Besprühen der Obstgärten verwendet), vermitteln nicht den Eindruck drohender Armut, sondern sie sehen eher nach Orten aus, wo niemand mehr wohnen will, weil da »nichts passiert«.

In San Siro sticht unter allen anderen ein malvenfarbenes Haus besonders hervor, weil es mit Akrylfarbe angestrichen ist. Ein Herr kam heraus, und wir sprachen ihn an. Der Herr sagte, er sei gerade dabei, sein ganzes Haus zu renovieren, er sei viel gereist und habe jetzt das Reisen satt, und die Christdemokraten seien eklige Scheißkerle, und ihm werde schon übel, wenn er nur an sie denke. Er frage sich: wie es möglich sei, daß ein Land von Dummköpfen sie immer noch wähle. Das könne er nicht verkraften.

Nach San Siro überqueren wir den Fluß Secchia, lauter Schleifen, an beiden Ufern die großen, über dem Wasser hängenden Netze. Wir sind es leid, ständig auf Nebenstraßen herumzuirren, und den Po haben wir aus den Augen verloren. Gegen halb sechs sind wir auf einmal, ich weiß nicht wie, in einem Dorf namens Pieve di Coriano, die Häuserlandschaft hat sich hier völlig verändert. Wir sind in einer Straße mit kleinen Villen, lauter Schweizer Häuschen; in einem Garten war eine Voliere voll exotischer Vögel, die mit ihrem Gekrächze und Gezwitscher und ihren Lockrufen einen solchen Krach machten, daß man sich vorkam wie in einem tropischen Dschungel.
Verrostete und radlose Autos, mitten in den Feldern eine ganze Wiese voll verschrotteter Omnibusse und Lastwagen und gegenüber ein künstlicher kleiner See, Fischfang gegen Bezahlung, eine Aufschrift sagt: RELAX FISCHEN. Im Hintergrund langgestreckte Fabrikgebäude und überall verstreut Einfamilienhäuser, fast alle aus unverputzten Ziegeln –

Industrieprodukte –, Gärtchen mit niedriger Mauereinzäunung.
Damit kündigen sich wohlhabendere Gegenden an. Es riecht ja auch nach Schweinefleisch oder etwas ähnlichem, jedenfalls nach Fett, was wohl von irgendwelchen Fabriken kommt und nun schon etliche Kilometer anhält.
In der Ferne ragen aus einem Gewirr roter Dächer und zwischen Kirchtürmen drei weißrote Schlote in einen beinahe schwarzen Himmel. Die Schlote gehören zum Elektrizitätswerk von Revere auf der anderen Seite des Flusses, eines der vielen den Po entlang. Aus der Anlage kommen dicke Rohre, darüber Landungsstege aus Eisen, und darunter liegen vertäute Boote im Fluß, der voller Blasen und Schaum dahinfließt. Von hier aus gesehen ist der Po eine breite schwarze Flut, überzogen von Abfällen, Ölflecken und schwammigen Blasen, die sich wie ein Heer in aufgelöster Ordnung flußabwärts bewegen.

Bedeckter Himmel, als wir in Sermide ankommen, nach einem zum Teil vergeudeten Reisetag, weil wir es nicht geschafft haben, auf der Dammstraße zu bleiben.
Auf dem Platz mit dem Wehrturm gehen wir zum Telefonieren in eine Bar, die aussieht wie ein länglicher, kahler Lagerraum zum Bersten voll, lauter Männer mit Hut auf dem Kopf, die in ihr Kartenspiel vertieft sind. An der Decke des Saales die riesigen Schaufeln der Ventilatoren, dadurch bekommt der Ort etwas Koloniales.
Eine Ansammlung von Männern, von vielen hun-

dert, ausschließlich Männern, sie sehen vor allem aus wie Geschäftsleute oder wie reiche Landwirte. Mit ganz anderen Bewegungen als die, die wir in San Benedetto Po gesehen haben, die hiesigen Männer mit Hut scheinen alle wie dumpfe Tiere in sich selbst versunken zu sein. Am äußersten Ende der Bar spielt jemand mit Videogames, an dem großen Fenster schaut ein alter Herr in den Regen hinaus, und die Bedienung, die einzige Frau hier, schaut keinen an. Um einen Tisch Kartenspieler mit einem jungen Mann, der von der Kinderlähmung ganz zusammengezogen war und ab und zu innehielt, dabei schrien die anderen: »Aber so mach doch und spiel endlich, Herrgott nochmal!«

Wir werden bei Lucianos Freundin übernachten.

Lucianos Freundin Maria ist ein schönes Mädchen und immer gut aufgelegt, sie lebt allein mit ihrem kleinen Jungen und liest nachts viele Bücher; ihr gefallen lange Romane, solche wie die russischen, denn so kommt sie abends mit vielen Personen zusammen, die sie schon kennt, und kann mit ihnen bis spät in die Nacht hinein aufbleiben.
Wie sie sagt, liest sie vor allem bei Nacht, und sie geht beim Lesen mit dem Buch in der Hand in der Wohnung herum; deshalb hat sie nur noch ganz wenige Möbel in ihrer Wohnung stehen, vor allem im Wohnzimmer und im Flur. Sie arbeitet in einem Postamt und sagt, diese Arbeit macht sie gern, denn sie sieht viele Leute und ab und zu kann sie jemandem helfen, zum Beispiel den alten Frauen, die ihre

Rente abholen und immer so verloren und verschreckt sind. Ihr Mann ist vor zwei Jahren gestorben, jetzt hat sie einen anderen, der wohnt in Mailand und kommt sie alle zwei Wochen besuchen.
Ihr neunjähriger Sohn hat uns sein Zimmer abgetreten: voll Plastikspielzeug; elektronisches Spielzeug, Puppen und Spielautos auf dem Boden verstreut. Vor dem Schlafengehen ruft er uns auf den Balkon, um uns ein Sträußchen Rosmarin zu spendieren, und wir helfen ihm beim Blumengießen. Noch das letzte lustige Hin und Her, bevor wir auseinander gehen, die kühle Nacht, das Bild der Frau mit ihrem Sohn.

22. Mai 1983

Heute ist Sonntag, das Wetter hat sich wieder erholt. Dieser Tage keine Zeitung gelesen, und heute früh beim Sprechen mit einem Tankwart war es, als hätte ich den Anschluß an den Lauf der Geschichte verpaßt, ein kleiner Schwindelanfall, verursacht von einer Meinungslücke (als wäre man ein Ballon, dem plötzlich die Luft ausgegangen ist). Außerhalb von Sermide, nach der Siedlung mit den großen Mietshäusern für die Angestellten des Elektrizitätswerks, schwenken wir, bevor wir wieder zum Po fahren, auf kleine Straßen ab, an deren Rändern gemähtes Gras in kleinen Haufen auf dem Asphalt liegt.
Die Insel im Fluß versteckt sich hinter einem dichten Wald in der Schleife, während auf der anderen Seite

Flußterrassen sichtbar werden, wo sich Baumstämme und Äste angehäuft haben, und Sträucher mitten im Wasser stehen, wo die Strömung einen Sprung macht.
Saatkrähen, die im Pappelwäldchen nisten, kommen achtsam hervor, in Begleitung von anderen Bewohnern des Wäldchens, Spatzen und Zeisigen, und sie erheben sich zu ihrem stets unruhigen Flug. Möwen in Zirkeln auf dem Wasser, unentwegt schnatternd, bleiben in der Gruppe, ohne je die Mulde des Flusses zu verlassen. Raben fliegen hoch oben vorbei, mit kräftigem Flügelschlag, aber mit reglos ausgebreiteten Flügeln schwebend, wenn sie landen, sie fliegen einzeln und sind oft das einzige, was sich über den Pappelwäldchen bewegt.
Wir wollen die Insel im Fluß sehen, fanden aber keinen Pfad am Ufer. Hier am Ufer sind Pappeln, Lehmpfützen, kleine Fliegen, die sich mir beim Schreiben auf die Finger setzen.

Ein Mann in Gummihosen kontrolliert den Pegelstand mit Hilfe von Stäbchen, die im Uferboden stecken; sobald er ein Stäbchen herauszieht, verzeichnet er etwas in einem Notizbuch. Er sagt, viele Familien wohnen hier zwischen den zwei Dämmen, dem Hauptdamm (der direkt am Fluß entlangläuft) und dem Binnendamm (der jenseits der Wäldchen auf den Flußbänken oder sogar jenseits der Felder verläuft). Wenn Hochwasser kommt, sind die Häuser zwischen den Dämmen in Gefahr, denn es könnte auch geschehen, daß jemand bei Nacht hierherkommt und eine Bresche in den Hauptdamm

schlägt, um das Wasser abfließen zu lassen und dadurch die Häuser und Felder, die weiter flußabwärts liegen, zu verschonen. Ich frage ihn, ob das schon vorgekommen ist, und er sagt ja, aber nicht hier an dieser Stelle, sondern in einer Gegend, die weiter flußabwärts liegt, wo die Leute eines Nachts aufwachten, weil ihnen das Wasser ins Haus floß.
Er spricht in gelassenem Ton von der Verschmutzung des Flusses und von der Verseuchung der Fische, die man fängt; er sagt, für ihn sei der Fluß nicht mehr derselbe, seitdem die Störe fort sind (eine Folge der Industrieabwässer).
Nun ist noch ein Herr gekommen, mit einem Hütchen aus wasserdichtem Stoff, roten Backen und einem Fahrrad, und die beiden sprechen mit Luciano über die Fabriken weiter flußaufwärts, in Richtung Castelmaggiore, Pomponesco und Viadana. Der Neuankömmling sagt murrend: »Denen ist doch die Landwirtschaft egal, die kann vor die Hunde gehen, sie zahlen nicht die Zeche.«
Wegen der Dinge, über die sie sprechen, fühle ich mich wie ein Fremder, ein Tourist. Und von dem Dörfchen, das sie erwähnen, als wäre es eine Provinzhauptstadt (es heißt Felonica), habe ich noch nie etwas gehört. Über dem Fluß tief fliegende Mauersegler, vom anderen Ufer hört man den Kuckuck rufen.

Wieder über den Po, in Richtung Castelmassa, auf der Suche nach der Dammstraße.
Der Mann, der uns gebeten hat, ihn mitzunehmen, spricht undeutlich, weil ihm alle Schneidezähne feh-

len, er lächelt ein wenig wirr und trägt ein verschossenes T-Shirt mit dem Namen einer Fahrradmarke auf der Brust. Immer noch wirr lächelnd sagt er, er möchte uns einen Platz am Po zeigen, und beharrt darauf, uns dorthin zu begleiten.

Am Ende eines holprigen Weges kommen wir zu einer verlassenen Villa oder einem Herrschaftssitz mit einem baufälligen Balkon, das Haus ist von Pflanzen überwachsen, von großen Brombeersträuchern und Akazienbüschen umgürtet und dahinter versteckt, auf allen Seiten außer von vorn. Auf dem Dach über dem Fries eine kleine Statue, die einen Krieger mit verschränkten Armen darstellt und byzantinisch aussieht. Unser zahnloser Passagier zeigt sie uns: »Das ist der Held des Büßerstandes.«

Da wir zuvor Plakate gesehen hatten, auf denen die Helden des Widerstandes gepriesen wurden, und er genauso lächelte wie jetzt, dachte ich, das sei ein Wortspiel. Aber lächelnd wollte der Zahnlose wissen: »Sieht er mir nicht ähnlich?«

Er ist nämlich der Held des Büßerstandes: Er geht herum und putzt alte verlassene Häuser am Po, ohne daß er dazu aufgefordert wird, und das ist seine Büßerbeschäftigung, soviel wir verstanden haben. Nachher führte er uns zu den Überresten einer kleinen Anlegestelle am Fluß, der voller Blasen und Abfälle dahinfloß, und er zeigte uns die brotfarbenen Blasen, die über die ganze Oberfläche verstreut waren. Er sagte: »Habt ihr die gesehen? Die kommen von den Elektrizitätswerken; es gibt ja ziemlich viele solcher Werke, oder?«

Als wir wieder beim Auto waren, verlangte er etwas

zu rauchen, und dann verlangte er, daß wir ihm eine Ansichtskarte schicken sollten, wobei er darauf bestand, daß wir uns seine Adresse aufschrieben. Schließlich verlangte er dreitausend Lire und wollte die ganze Schachtel Zigaretten.

Wir sind in Calto im Polesine, wo mich aber schon alles an Ferrara erinnert, vom Dialekt bis zu den ein wenig bleichen Mienen, mit denen die Kirchtürme in die Luft ragen. Ein Dörfchen, in dem neue Häuser stehen, alle nach demselben Schema geschnitten, und alte Häuser mit roten Dächern unterhalb der Treppe, die vom Damm herunterführt. Auf der anderen Seite geht ein Feldweg zum überschwemmten Gelände und zu einem Vorsprung aus Erdreich, der in den Fluß hineinragt und auf dem zwei Steineichen alles mit ihrem wunderbaren Laubwerk zudekken.

Leicht verstört durch unsere Begegnung mit dem Helden des Büßerstandes, machen wir Rast. Ein Motorboot war mit einer Kette, die um den Stamm einer der beiden Steineichen gewickelt war, festgebunden, und während Luciano zum Fotografieren weggegangen war, kamen zwei Fischer, machten es los und fuhren auf den Fluß hinaus. Sie schauten mich an, als würde sie meine Anwesenheit hier nicht freuen, lange mißtrauische Blicke trafen mich von dem kleinen Steg.

Unter diesem Mißtrauen der Leute litt Ruggeri sehr, während er als Wasserwerker in der Gegend von Ferrara arbeitete. Er mußte den Pegelstand des Flusses überwachen und auch aufpassen, daß Boote, die keine Erlaubnis hatten, nicht auf dem Grund des Flusses herumgruben, um Kies herauszuholen. Aber alle Boote hatten eine Erlaubnis, und er wußte, daß durch dies Herumgraben Unheil gestiftet wurde, weil dadurch die Ordnung des Flußbetts durcheinanderkommt und der Fluß dann verrückt spielt.

Es machte ihn fuchsteufelswild, daß alle den Fluß behandelten wie einen leblosen Gegenstand. Und wenn es nur immer ging, erklärte er allen: der Lauf des Po ändert sich ständig (wie unser Körper); schuld sind die Fliehkraft des Wassers, das seine konkaven Ufer aushöhlt, und die vom Hochwasser angeschwemmten Materialien, die sich an den konvexen Ufern ablagern, so daß jede Schleife schließlich auf der inneren Seite immer weiter ausgehöhlt wird, während die äußere Kurve ganz allmählich von einer Flußterrasse geschlossen wird; die Mäander werden nach und nach gerade und bilden sich weiter flußabwärts wieder neu mit der beständigen Bewegung einer Schlange, die vorwärtskriecht, wodurch sich der Lauf des Wassers immer wieder neu gestaltet, seit den fernen Zeiten des Quartärs.

Aber nun, da ihn alle als einen leblosen Gegenstand betrachteten, wurde der Fluß langsam verrückt, und seine Bewegungen ließen sich nicht mehr verstehen, auch wegen der zwei erhöhten Dämme, die sich beinahe ohne Unterbrechung an seinen Ufern entlangzogen. Und nachdem die Weisheit des Flusses verlorengegangen war, blieb nur noch das Mißtrauen der Menschen: so etwa waren die Überlegungen Ruggeris in der Zeit, als er als Wasserwerker arbeitete.

15 Uhr. In Richtung Ficarolo, den Damm entlang. Zwei Wasserhühner fliegen auf und flüchten ins Schilf, auf dem Asphalt flitzt eine Eidechse vor unserem Auto weg. Wir fragen uns, wie weit wir bei diesem Tempo überhaupt kommen können.
Von der Stelle aus, wo wir nun sind, läßt sich das Heer der Abfälle auf dem Fluß gut beobachten, und die brotfarbenen Blasen bleiben hier unten an einem strauchbewachsenen Vorsprung hängen. Wenn die Blasen auf den Sand auflaufen, sehen sie aus wie Schwämme mit grauen Schäumchen, und wenn sie trocknen, sehen sie aus wie Tonerde und sind nicht vom Erdboden zu unterscheiden, auf dem sie sich abgelagert haben. Manchmal werden die grauen Schaumkrönchen, nachdem sie an einem Strauch hängend verdorrt sind, vom Wind losgelöst und rollen über das Wasser wie allerfeinster Sand, der nicht untergeht.
Schmale Pfade führen vom Damm hinunter zwischen die Pappeln, weiter in der Ferne verschwinden sie und erscheinen wieder, wo am Ufer Fischer sind, in der Nähe eines jener Boote, die im Fluß herumbaggern. Kähne mit flachem Kiel liegen auf einem Haufen Tonerde, auch er bedeckt von grauen Schaumkrönchen, die sich noch weiter ausdehnen bis zu einem toten Flußarm, der ganz von schwammigen Blasen überzogen ist. Und auf dem Fluß kommen jetzt keine Blasen mehr vorbei, sondern ganze Flecken, und es sieht aus, als hätte man Gemüsesuppe ins Wasser geschüttet.

Unterhalb des Dammes stoßen wir auf einen düsteren Bau, vor dem gerade ein Fußballmatch unter Jungen stattfindet. Nach ein paar Augenblicken bemerken wir, daß viele Jungen mongoloid sind und daß es sich hier um ein Heim für Leute ihresgleichen handelt.
Einige Bewohner des Heims gehen in Begleitung von Verwandten oder Krankenschwestern auf dem Damm spazieren. Keine Krankenhausatmosphäre dank der Nähe des Flusses. Zwei gehen Arm in Arm mit einer schönen blonden Krankenschwester, sie tragen enge Jäckchen aus schwarzem Leder und dunkle Brillen wie Rockstars.
Die Erscheinungen da draußen treten immer wieder anders vor uns hin und gestalten die Augenblicke, und die Augenblicke sind das Gefäß, in dem sich die Wesen sammeln, wie diese sogenannten Mongoloiden auf ihrem Dammspaziergang. Das sonntägliche Hin und Her der Autos und Mofas in Richtung Brücke ist dagegen etwas so Apathisches, daß man darüber die Augenblicke vergißt, ein mechanischer Schlendrian Versprengter, die ihr Heil darin suchen, daß sie mit dem Auto den Asphalt verlassen und auf eine grasbewachsene Böschung fahren.
Wir lassen den Damm hinter uns mit seinem sonntäglichen mechanischen Hin und Her, in dem man so leicht hängenbleibt und wo alle fluchen. Die Vorstellung, alles sehen und hören zu können, bricht zusammen: Da draußen herrscht ein Potential an Depressionen, das dir, sobald es dich packt, die Lust nimmt, dir nach Art eines distanzierten Beobachters eine Vorstellung von allem zu machen.

Rast auf dem Dorfplatz von Ficarolo, einer ausgedehnten Fläche mit einem schiefen Kirchturm und einem großen, spanisch anmutenden Bogen; der Platz hat seinen Zauber verloren, da eine Seite mit Standardwohnblöcken bebaut ist. Wenige Menschen auf dem Platz, sie sprechen über Politik, rings um eine Bühne für Wahlversammlungen. Neben uns in einer Bar im Freien saßen einige junge Burschen und redeten aberwitziges Zeug über einen berühmten Fernsehmoderator.

Eilig machen wir uns davon, jetzt sind wir auf der Straße nach Occhiobello und Ferrara. Im Vorbeifahren haben wir gesehen, wie die Aussicht auf eine alte Villa vollkommen von einem Möbelverkaufslager vedeckt wurde, ein acht Jahre altes Zirkusplakat baumelte an den geschlossenen Fensterläden eines Gehöfts.

Finsterer Himmel, als wir gegen fünf in Occhiobello ankommen, wo ich die tote Stadt sehen will. In einer Gasse mit niedrigen Häusern hat man einen von Kopf bis Fuß eingewickelten Alten im Lehnstuhl zum Luftschnappen vor die Haustür gesetzt; er hat einen Wecker in der Hand.

Auf dem leeren Platz ein kleiner Herrenfriseurladen, geöffnet, obwohl Sonntag ist. Der Herrenfriseur rasierte gerade einen Kunden, während drei Jungen vor der Tür angefangen hatten, ein Lied von Lucio Dalla zu singen. Da kam der Herrenfriseur aus dem Laden, mit erbostem Gestikulieren, und die drei Jungen gingen schnaubend weg und legten sich mit ausgestreckten Armen auf die Treppe, die zum Damm hinaufführt.

Diese Treppe aus Travertin bildet den Abschluß des Platzes, und von hier oben sehen wir die roten Dächer und die Gemüsegärten hinter den zweistöckigen Häusern, sehen die Kamine, die außen an die Häuser angebaut sind und sich in Höhe des ersten Stocks verjüngen, was typisch ist für die Gegend zwischen Ferrara und Rovigo. Es fängt an zu regnen, aus den unter uns liegenden Häusern kommen beinahe gleichzeitig viele Frauen, um die Wäsche abzunehmen.

Im Regen bin ich in die tote Stadt gegangen, die unterhalb des Dammes auf der Flußseite liegt.
Die Häuser stehen seit der großen Überschwemmung von 1950 verlassen da, und mittlerweile ist die Natur über die einstige Stadt hergefallen. Das Laubwerk großer Bäume, Brombeerranken, lianenartige Ackerwinden haben sie zugedeckt. Ein schmaler Pfad führt zu einem Gewirr eingestürzter Dächer, zu Mauern, auf denen Buschwerk und kleine Bäumchen gewachsen sind, in deren eingefallenen Fensterläden sich Erdreich und Mohnblumen breitmachen. Ein Feigenbaum legt sein Geäst als Bogen über den Eingang eines eingestürzten Hauses, und von da dringt man in eine finstere Höhle vor, die vielleicht einmal ein anderes Haus war, aber jetzt nur noch nach einem Loch voll Strauchwerk und Scheiße aussieht.
Sowie ich aus dieser Höhle herauskam, stand eine Frau mit Regenschirm und Regenmantel vor mir, die mich ansah, als wäre sie traurig darüber, daß ich hier herumschnüffelte. Oben auf dem Damm ste-

hend, sieht man aufgerissene Dächer, Brandmauern, von denen Stücke eines Daches herunterhängen, die Ziegel geschwärzt vom Moos vieler Jahreszeiten. Auf einem schmalen Fensterbrett ist ein beinahe drei Meter hoher Akazienstrauch gewachsen, seine Wurzeln stecken in den Mauerrissen.
Ich begegne aufs neue der Frau mit Regenschirm und Regenmantel, die auf das Wasser des Flusses und auf das Floß des Ruderclubs von Occhiobello schaut, auf dem Silhouetten sportlicher junger Männer in der großen Unwirklichkeit des Sonntags gestikulieren. Auch Luciano bin ich wieder begegnet, der an seine Tochter denkt, und ich fürchte, es quält ihn etwas schon seit Anfang der Reise (aber jetzt beginnt es hervorzuschießen).
Auf dem Damm treibt der Wind abgerissene Äste vor sich her, und die verdampfende Wärme bildet zu beiden Seiten des Asphalts Dunstschleier, sowie es zu regnen aufhört, wird alles reglos, grau, ruhig.

Im Grunde ist da draußen nichts Besonderes zu sehen oder aufzuschreiben, nur die Zeit, die vergeht. Der Raum ist eine Art großer Knast, in dem man auf etwas wartet: Keiner weiß auf was, man macht sich seine Vorstellungen, und es gibt nichts als die Zeit, die vergeht. Ich schreibe mitten in einem depressiven Gasschwaden.
Am Spätnachmittag fuhren wir wieder über den Po, auf der Brücke von Stellata, und auf dem Fluß lagen irisierende Reflexe, viele Fischer saßen am Straßenrand und fischten in den Kanälen. Wir fahren in Richtung Ferrara.

Wir haben beschlossen, die Straße nach Bondeno einzuschlagen, weil mir in den Sinn gekommen war, in dem Dorf, wo mein Vater geboren ist, zu Abend zu essen, aber sobald wir in Bondeno waren, landeten wir im erstbesten Restaurant. An der Provinzstraße reihenweise Möbelfabriken, beinahe unzählige, und Fabriken für Plastikartikel, eine Waffenfabrik, die Landschaft ringsum vollgestopft mit Eigenheimen und Wohnblöcken mitten auf dem Land. Nur wenige große alte Häuser und Bauernhäuser sind von der Straße aus noch sichtbar.
Hier beginnt einer der reichsten Landstriche der Welt, mehr in Richtung Modena als in Richtung Ferrara: Von Modena kommt nämlich der erstikkende Gasschwaden, und wo der vorbeikommt, das merkt man sofort. Ich weiß es genau, daß er von dort unten kommt, wo der Zaster ringsum alles vernichtet hat. Nichts mehr zu retten, die Familie im Grab, aus und amen. Du wirst keinen Ort haben, um dein Haupt hinzulegen.
Alles geht weiter wie jeden Abend an jedem beliebigen Ort, zuerst das Zeremoniell des Sonnenuntergangs, und dann geht der Mond auf. Auf einer letzten abendlichen Fahrt über Land geraten wir vor ein riesengroßes Tanzlokal, es heißt KONTIKI MUSIC HALL, angestrahlte Palmen mitten in der Dunkelheit der Felder. Unter den Palmen ein Gewimmel junger Mädchen und junger Männer, alle auf der Suche nach jemanden, mit dem sie sich paaren könnten; sie waren uns sehr sympathisch.

23. Mai 1983

Früh am Morgen wird in diesen Ebenen das Licht ganz von den Farben des Erdbodens aufgesogen. Ein bläulicher Dunst liegt über allem und läßt die Entfernungen dahinschwinden, und über einen gewissen Umkreis hinaus weiß man nur noch, daß die Dinge dort sind, verstreut und verloren im Raum. Wenn dann die Sonne hoch am Himmel steht und das Licht Schärfe bekommt, sieht man allmählich erst die großen Trennungen. Licht und Schatten zeichnen in scharfem Schnitt trostlose Formen auf alle Mauern, Asphaltflächen, Hecken oder Schilder, die durch die allgemeine Geschäftigkeit in Verkehr und Verkauf an den Rand gedrängt werden. Alle Dinge, die nicht mit Verkauf oder Fahrtrichtung zu tun haben, befinden sich in einem Zustand der Verwahrlosung. Wo Verkehr ist, haben die Schatten immer den Anschein des Vergeblichen, als wären sie zu ruhevoll für diese Welt. Und wenn ein Lastwagen vorbeifährt und ein Stück Zeitungspapier vom Asphalt hochwirbelt, bemerkt man sofort, daß in dieser Gegend jegliches Zögern oder Zaudern fehl am Platz ist.

In Ferrara übernachten wir in einem Hotel an dem Platz, der hinter dem Schloß liegt. Ich habe mir noch einmal das Triptychon von Cosmé Tura im Dommuseum angesehen: Auf der rechten Seite, hinter der Muttergottes, sind die Dunstschleier der Ferne zu sehen, die mich an die chinesische Malerei erinnern. Ich hatte Sehnsucht nach dieser Art, die Ferne zu behandeln, den Raum zu betrachten, der sich ganz hinten auftut, wo alles schwindet: kein Blick ins Unendliche, sondern ein Blick auf das Schwindende. Danach dem Helden des Büßerstandes eine Ansichtskarte geschickt.

12 Uhr. Wir fahren durch eine Gegend mit Fabriken und suchen eine Straße zum Po. Dort liegt Pontelagoscuro, reihenweise Tanks, Schlote, Raffinerietürme, aus denen Feuer ohne Dampf kommt. Indem ich schreibe, während Luciano am Steuer ist, gelingt es mir, einer Panik Herr zu werden, die mich ab und zu befällt.
Auf der Steigung, die zur Eisenbrücke von Pontelagoscuro hinaufführt, laufen neben der verkehrsreichen Straße an einer Mauer mit geschwärzten Ziegeln Gleise entlang. Jenseits der Mauer, welche die Industrie-Zitadelle des Konzerns Montedison einschließt, ragen die Kuppeln der Tanks, Türme mit Ventilen und spiralenförmigen Rohren, Bündel von Rohren mit fialenförmigen Brennern und zwischen den Türmen hängende Stahlgerüste hervor.
Vorhin machte Luciano ein Foto auf dem Gleis neben der Mauer und mußte eiligst zur Seite springen, um einem Tankwaggon von SOLVAY & NACCO auszuweichen, der mit größter Geschwindigkeit angerast kam. Kaum wieder auf dem Asphalt, hupte uns ein Laster mit solcher Gewalt an, daß auch ich ganz schön vom Sitz hochfuhr. Wir fahren um die Ecke und halten; als wir vor den Toren der Industrie-Zitadelle aussteigen, hören wir, daß uns von einem Turm aus einer etwas zubrüllt, um uns wegzujagen. Hoch oben stand ein Mann, der uns beob-

achtete, er hatte ein gestreiftes T-Shirt und einen einzigen Hosenträger quer über der Brust. Vor uns ein riesiger leerer Hangar mit drei Reihen Scheinwerfern, die am hellichten Tag eingeschaltet waren. Ein Schlot ganz hinten stieß Rauch aus, der gelb und durchsichtig nun einen Teil des Himmels bedeckt.
Schließlich schaffen wir es, vor einem Nebeneingang der Zitadelle haltzumachen, auf einer breiten Straße, wo nur Laster verkehren. Panikstimmung wie immer, wenn man sich einer Lage nicht gewachsen fühlt, den Kopf voll Meinungen hat, die zu nichts nütze sind. Hier ist über einen großen Teil der schwarzgewordenen Mauer Unkraut gewachsen, der Asphalt ist in den Pfützen vor dem Eingang in Stücke gegangen, in anderen Pfützen schwimmt aufgeweichter Pappkarton, liegen zerfetzte Autoreifen, Polystyrol, eine zerquetschte Büchse und Holzwolle, die jemand unterwegs verloren hat.

Da draußen geht alles seinen eigenen Gang, Tag und Nacht: Der Po fließt mitsamt den Blasen und den klebrigen Fetzen zum Meer, Boote mit Außenbordmotor aus dem Ruderclub fahren unter der Eisenbrücke durch, und auf dem Damm, wohin wir uns geflüchtet haben, hört man ohne Unterlaß das Surren eines Elektrizitätswerks am Ufer. Auf der anderen Seite des Dammes ist eine Schleuse mit Drahtseilen, die über dem Becken hängen, Zwingen und verrostete Winden vor einem wolkigen Hintergrund.
Luciano sitzt im Auto und raucht, er schafft es nicht mehr, diese Örtlichkeiten zu fotografieren. In einiger Entfernung Fabriken mit geschwärzten Ziegeln,

vielleicht die ersten, die in Pontelagoscuro gebaut wurden, sie haben alle zerbrochene Fensterscheiben und in ihrem Inneren herrscht Finsternis. In der Zeit, als alle Mauern anfingen, schwarz zu werden, müssen diese Fabriken die einzigen lokalen Gottheiten gewesen sein.
Jenseits der Schleuse auf dem verödeten Land die grauen Tanks einer einstmaligen GESELLSCHAFT FÜR WASSERVERSORGUNG, und auch sie müssen einst einheimische Gottheiten gewesen sein. Nun erheben sich zwischen jenen Tanks und der Macchia, die man in einiger Entfernung sieht, Schlote und Brenner mit Rauch- und Feuerauswurf.
Wir sind nun vielleicht eine Stunde hier. Ich bin den Damm hinuntergestiegen und habe Pflanzen gepflückt, die das Zeitalter, in dem alles schwarz wurde, überlebt haben müssen. Ihre Blätter haben eine entstellte Form: der eine Rand ist lanzetten- und der andere schrotsägeförmig und sticht wie eine Distel.
Auf dem Land, vor den Schloten und den fialenförmigen Brennern, unter einem dampfgeschwängerten und erstickenden Himmel, grast eine kleine Schafherde um die ausrangierten Tanks. Der Schäfer ist ein alter Mann mit einem gelben Regenmantel, auf einem Metallrohr sitzend, hört er etwas aus einem Kofferradio.

In Richtung Francolino. Auf dem Damm ein Mann per Rad mit aufgespanntem Regenschirm und tief fliegende Vögel.
Wir sind in ein Sträßchen eingeschwenkt, das bei ei-

ner Siedlung mit lauter eigelben Häusern aufhörte, die vollkommen verlassen zwischen den Maisfeldern lagen. Ende der Straße zwischen Betoncontainern voll Müll, Häuser mit heruntergelassenen Jalousien, das Profil von Feldern gegen einen fernen Damm; vielleicht ein Platz für Wohnsitzinhaber, die nur zum Schlafen hierherkommen.
Auf dieser Reise über Land haben wir die Außenwelt in einem allgemeinen Zustand der Verödung gesehen: Häuserkomplexe aus Beton, die aussahen, als wären sie eben erst erbaut und sofort wieder verlassen worden, Bauernhöfe, an denen man keinerlei Lebensformen mehr ablesen kann, Sandgruben, die ebenfalls verlassen sind, Umzäunungen voller Wohnwagen mitten auf den Wiesen, Hochspannungsleitungen mit Drähten, die über weite Strekken durchhängen. Die Leere ist angefüllt mit Namen nichtexistierender Ortschaften, die keine Orte sind, sondern nur Namen, die von irgendeiner Verwaltung der Außenwelt auf Schilder geschrieben wurden.
Seit einer Stunde fahren wir den Damm am Po entlang, ohne ein Wort zu sagen, der Himmel ist immer noch schwarz und reglos mit tiefhängenden Wolken. Auch das Wasser des Flusses scheint stillzustehen, und in der ganzen Ebene ist niemand, so weit ich sehen kann. Keine Autos, keine Motorräder, keine Fahrräder auf den Feldwegen, die von den grasbewachsenen Stufen auf der inneren Seite der Dämme ausgehen.

17.20 Uhr. Luciano hat alles wieder in Bewegung gebracht, durch seinen Entschluß auszusteigen, um den dunklen Horizont zu fotografieren, wo man nichts sieht als vom Wind zerfetzte und über der Landschaft umherirrende Kumuluswolken. Und plötzlich tauchten auf dem Damm Männer mit Mofas auf, die zum Schutz gegen den Regen Nylonplanen auf dem Kopf hatten.
Ein anderer kommt zu Fuß, mit hohen umgekrempelten Fischerstiefeln und einem großen Schaff auf der Schulter. Er geht auf das überschwemmte Pappelwäldchen zu, wo er, wie wir sehen, in ein kleines Boot steigt und zwischen den Bäumen verschwindet.
Als wir dem Mann im Pappelwäldchen nachschauten, entdeckten wir ein schönes herrschaftliches Haus aus anderen Zeiten, das beinahe bis zum ersten Stock unter Wasser stand. Es ist umgeben von Tannen, Akazienbüschen, Dornengestrüpp und Kirschbäumen am Ufer des Po. Auf den Balkon sind Efeu und Wicken hochgeklettert, die sich um alles herumwickeln, und dort oben sitzt eine Amsel, die aus zwei Noten bestehende Lockrufe ausschickt. Gleich darauf ertönt Zirpen und Pfeifen anderer Vögel, und Kuckucksrufe und Froschquaken im dichten Buschwerk, ein Klingen und Widerhallen von Gewohnheiten, die komisch anmuten.
Die Geräusche im dichten Buschwerk hellen den düsteren dumpfen Tag ein wenig auf, wir beschließen, nach Ferrara zu fahren und in einem guten Restaurant zu essen. Die einzigen Landschaften, denen man begegnet, sind Abläufe von Gewohnheiten,

Umstände, die mit den Tageszeiten, dem Licht, den Farben und den Geräuschen wechseln. All dies Schwinden, Ursprung der Geschichten, unsere Winzigkeit, Versprengte an einem Fluß.
Rückkehr auf den Damm. Alles ist wie zuvor, nur ein klein wenig verändert durch den strömenden Regen und die stillstehende Luft, die das Licht aufsaugt, indem sie eine Art Raster über die ganze Ebene legt, wo es keine Anhaltspunkte mehr gibt und den Raum immer weiter aufreißt.

Im Regen durch Ruina, Saletta, Tamara gefahren und jetzt zurück nach Ferrara zwischen zwei Reihen Platanen auf der dunklen Straße. Überall seitlich Lichter von Restaurants, Raststätten, Dancings, Pizzerien, hier erscheint die Außenwelt als ein einziger Erfrischungsraum.
Das Restaurant im Borgo San Giorgio hat über die ganze Rückwand ein Riesenfoto. Auf dem Foto sieht man dasselbe Restaurant wie das, das wir vor Augen haben, mit denselben roten, in die Gläser gesteckten Servietten, mit denselben Blumen auf den Tischen, dem Wagen mit den Nachspeisen, dem Fleisch und den Vorspeisen, mit denselben roten Plastiklampenschirmen.
Der Geschäftsführer ist ein alter Mann mit leichtem Fettansatz, sein Haar glänzt vor Brillantine, er trägt ein Yachtman-Jackett, eine Brille mit Goldrand. Er fragt jeden Gast, ob er Appetit hat, was er essen möchte, ob er Lust hat, von den Vorspeisen zu kosten, ob er beim Wein eine Vorliebe für einen bestimmten Jahrgang hat.

Er spricht ein gutes Italienisch und redet jeden Gast mit seinem Berufstitel an und schaut ihm ins Gesicht, als würde er darin faszinierende Eigenschaften entdecken. Nach dieser Behandlung ist jeder Gast in jemanden verwandelt, zu einer bedeutenden menschlichen Existenz erhoben, nicht mehr in einem wilden Zustand. Und auch wir sind durch diese Behandlung wieder zu anerkannten Mitgliedern der Gattung geworden, müde und heruntergekommen, wie wir auch sein mögen. Nur daß der Ober wie eine Theaterpuppe lächelte, um jede Antwort von uns eigens zu billigen, diesem ganzen Theater waren wir doch nicht gewachsen.

Kaum waren wir draußen, sagte Luciano, er habe zuviel gegessen, zuviel getrunken und halte diese Reise nicht mehr aus. Unter einer Straßenlaterne in seinen Taschen wühlend, sagte er: »Ich weiß nicht mehr, wo ich den Autoschlüssel hingesteckt habe. Ich hab keine Ahnung von dem, was ich mache, was ich fotografiere. Und überhaupt geht's mir miserabel, und ich möchte meine Tochter sehen, ich fahre heim.«

Drei Tage im einstigen Sumpfgebiet

9. Mai 1984

Vom Bus aus das Land um Ferrara wiedergesehen. An einer der wunderschönen Schleusen vorbeigefahren, die von den Este in den Sümpfen angelegt wurden, um sie nach dem Verfahren der Abflußregelung zu entwässern. Wohl ein Bauwerk aus dem 16. Jahrhundert mit einem quadratischen kleinen Turm, der auf einer Brücke mit kurzen Bögen steht. Das Dach besteht aus vier rechtwinkligen Dreiekken; heute noch das Vorbild, glaube ich, für die Bauingenieure, die in dieser ländlichen Gegend die Baupläne für die Häuser entwerfen.
Vor dem Einschlafen spürte ich, wie Rolläden zitterten, wohl wegen ferner Vibrationen, ich dachte, daß hier bei Nacht die Erde bis zum Po-Delta absinkt. Beim Morgengrauen war mir, als hörte ich die Radiowerbung für ein Möbelgeschäft, die in den Straßen dieses gottverlassenen Dorfes, Finale di Rero, im Gebiet der großen Trockenlegung gesendet wurde. Ich bildete mir ein, durch die menschenleeren Straßen fahre ein Auto mit Lautsprecher.
Die Besitzerin der Bar mit Fremdenzimmer fragte mich, ob ich gut geschlafen hätte, ihr Lächeln deutete ich als eine Grimasse der Einsamkeit. Als sie mir dann den Kaffee brachte, hatte sie dasselbe Lächeln. Und ich bekam Lust, ihr beim Weggehen die Hand

zu geben; sie wischte sich ihre Hand an der Schürze ab und gab sie mir mit einer unbeholfenen Gebärde und sagte dabei »Entschuldigung«.
Ihr Sohn zeigte sich bereit, mich mit seinem kleinen Lieferwagen bis nach Tresigallo zu begleiten, und wollte wissen, was ich in dieser Gegend eigentlich zu tun hätte. Es muß ihm komisch vorgekommen sein, daß ich zum Schreiben hierhergekommen war, denn er sagte mit leichtem Spott: »Was schreiben Sie denn? Ein Buch für die Genossenschaft?« Offenbar schreiben hier mehrere Leute Bücher für die landwirtschaftlichen Genossenschaften, warum weiß ich nicht.

Der Dorfplatz von Tresigallo ist eine unförmige Ausbuchtung zwischen vier Straßen, auf der einen Seite abgeschlossen durch Bauten mit epischen Reliefs aus der Zeit des Faschismus und auf der anderen durch einen Parkplatz, der ganz voll kleiner Autos steht, dahinter der kleine Bau des Rathauses. Ein modernes Gebäude aus immer kleiner werdenden Würfeln. Eine Allee führt aus dem Dorf hinaus, gleichmäßig gestutzte Bäume und alte niedrige Häuser den Friedhof entlang, aus dem ich viele Frauen mit Kopftuch herauskommen sehe.
Auf dem Dorfplatz gehen die Leute mit langsamen Bewegungen herum, als wären sie alle in Urlaub, und auch hier hört man überall in der Luft Radiowerbung. Dieselbe Haltung, als wären sie in Urlaub, haben die jungen Männer in kurzen Hosen und Schlappen, die unter der Arkade eines Gasthofs beisammen stehen und sich über Sport unterhalten.

Am Ende der Ausbuchtung eine Gasse mit Mehrfamilienhäuschen in Akrylfarben, und auf die gehe ich zu.
Das Gefühl, unter einer Bevölkerung zu sein, die in den Reservaten des Kontinents in irgendeiner abgelegenen Provinz lebt, wohin alles ein wenig gedämpft dringt. Vielleicht war es das, was ich gestern im Bus suchte.

Die Straße, die von Tresigallo nach Jolanda di Savoia führt, ist schnurgerade, schmal und von Platanen gesäumt. Die gelben Weizenfelder, die noch grünen Maisfelder, die Furchen anderer Felder, alle haben gerade Linien, die, perspektivisch gesehen, auf denselben Punkt am Horizont zuzulaufen scheinen, und dieser Punkt geht mit mir mit. Häuser und Bäume und hochragende Kirchtürme, sehr niedrig im Hintergrund, fern und im Raum verloren.
Autos fahren mit hoher Geschwindigkeit vorbei, und ich muß auf dem Seitenstreifen gehen. Hoch oben segelt langsam ein Rabe, ich sehe, wie er auf den Asphalt niederfliegt und etwas aufhebt, das mir wie ein Stück Plastik vorkommt. Weiße Kumuluswolken auf der Erdlinie hängen über verstreuten Häusergruppen und im Hintergrund Pappelschranken.
Ich gehe an einem alten verlassenen Landwirtschaftsgebäude vorbei, graues schimmeliges Gemäuer, zerbrochene Fensterscheiben, Raben, die vor dem Stall vorbeispazieren und auf etwas warten. Auf der anderen Seite der Straße ein rosarotes Wohnhaus mit Trauerweiden im Hof. Ein paar Au-

genblicke war niemand unterwegs, dann kam ein Laster mit einem Anhänger voll Traktoren vorbei.

Der Bus kam, und ich lief zur Haltestelle, um noch mitzukommen. Jolanda di Savoia ist diese große Straße mit zwei seitlichen parallellaufenden Alleen, in deren Umgebung man auf allen Seiten haufenweise die bewußten Eigenheime stehen sieht. Landwirtschaftliche Ansiedlung aus der Zeit des Faschismus, unter der Schutzherrschaft von Italo Balbo entstanden, glaube ich; als meine Mutter ein Kind war, existierte sie noch nicht, und hier waren noch Sümpfe.

Die Straße entlang ein Geschäft am anderen, mit allen modernen Schikanen, und Frauen, die mit dem Rad zum Einkaufen fahren, als hätte die Zeit für sie kein Gewicht. Eine kleine Kirche im gotischen Stil der faschistischen Ära, Wuchern von Fernsehantennen auf den Dächern und auch hier eine Stimmung wie in einem Reservat. Es ist ungefähr so, als wäre man hier unter dem Standardniveau, das der universale Finanzplan für das Leben vorsieht.

Gleich hinter dem Dorf, zwischen den Feldern und die Straße entlang, viele, viele kleine Häuser in lebhaften Farben, gepflegt und bescheiden. Alle haben ein spitzwinkliges Dach, Fensterrahmen aus Aluminium, einen Hof mit einem einfachen Maschendrahtzaun, eine Glasveranda zum Schutz des Eingangs. Sie sehen nicht aus wie Fertighäuschen, sondern wie alte Häuser, die von ihren Bewohnern nach einer üblichen Tendenz neu hergerichtet worden sind.

Schon vom Bus aus kamen sie mir vor, als würden sie auf etwas warten, so wie alles andere auch. Überall diese Stimmung des Wartens, daß die Zeit verstreicht und der Tag vergeht, eine andere Jahreszeit kommt, eine Stimmung, die man in der Stadt nicht spürt.

Ich dachte, der Bus würde bis Codigoro fahren, aber am Ende eines Anwesens kehrt er um. Blicke treffen mich, als ich den Fahrer – mit zu eiligen Gebärden – bitte, mich aussteigen zu lassen. Manchmal spüre ich den Unterschied zwischen Stadt und Land in den Blicken, die meine Bewegungen anstarren, als wären sie unverständlich. Die Frau im Autobus hatte einen ziemlich starren Blick, aber sie starrte mich an, ohne *mich* anzustarren, sie blickte eher auf etwas, das um mich herum war.
Der Omnibus ist umgekehrt und hat eine Staubwolke hinterlassen. Hier führt eine nicht asphaltierte Straße von einer kleinen Brücke über einen Kanal querfeldein. Vor mir ödes Land mit viel Himmel darüber, ein unsäglich weiter Himmel über einer ausgedehnten Fläche von rechteckigen Parzellen, die von Gräben und Fahrwegen durchzogen ist.

Seit einer Stunde gehe ich querfeldein, ich bin einem Kanal gefolgt, der nach der Militärkarte, die ich von dieser Gegend habe, Canale Leone heißt. Es kommt nie jemand vorbei, ich weiß nicht genau, wohin ich gehe, nach dem Kompaß in östliche Richtung.
Ein Glücksgefühl liegt da draußen, in den Linien der Erde, die ohne jegliche Krümmung in alle Richtun-

gen laufen. Sie sind so flach, daß ich mir vorkomme wie auf einem erhöhten Platz, nur weil mein Weg fünfzehn Zentimeter höher liegt als die Felder. So weit das Auge reicht, Häuschen in leuchtenden Farben: smaragdgrün, rosarot, eigelb, wiesengrün, verschwommene Visionen.
Ich hatte nicht bemerkt, daß diese Tücher aus fluoreszierendem Grün gleich großen Wiesen, durch die mein Weg führt, Reisfelder sind. Die Stengel der Reispflänzchen an der Wasseroberfläche, alles ringsum wie versunkenes Weideland. Der Himmel erneut bedeckt, tiefhängende Wolken mit flacher Basis, die sich höher oben verdüstern. Diese Reisfelder waren eine Überraschung für mich, und jetzt sind sie überall, so weit ich schauen kann.

15 Uhr. Ich komme auf eine Asphaltstraße, stehe vor einem Schutthaufen, auf dem ein schöner Ailanthusbaum gewachsen ist. Jenseits der Straße wieder ein verlassenes Landwirtschaftsgebäude. Stall, Scheunen, Wohnhaus, alles mit großen Vorhängeschlössern versehen, und noch der Geruch des Misthaufens in der Luft. Die Straße liegt hier zwei oder drei Meter höher als die Umgebung, und ich habe eine gute Aussicht auf die Reisfelder.
Ein Meer grüner Rechtecke, die wie Wiesen aussehen, wenn nicht das Gefunkel der Wasserlinien wäre, die sie voneinander trennen. Stark angezogen, froh über mein Hiersein.

Ein Herr mit einem Vespa-Lieferwagen bringt mich in ein Dorf namens Le Contane. Auf unserer Fahrt durch die Reisfelder haben wir viele Reiher gesehen. Der Herr sprach von den Wettervorhersagen, aber ich glaube, er hielt mich für einen Ausländer, denn auf einmal fragte er mich: »Verstehen Sie eigentlich, was ich sage?«

Beim Gehen sagt dir die Linie des Horizonts immer, daß du auf irgendeinem Punkt der Erdkrümmung bist, verschollen wie die Dinge, die du in einiger Entfernung siehst. Du mußt dir einen anderen Punkt aussuchen, mit dem du eine Achse bilden kannst, und dir vorstellen, daß du ihn irgendwann einmal erreichst. Man muß immer so weit kommen, daß man sich vorstellt, wie es da draußen ist, sonst könnte man überhaupt keinen Schritt tun.

Von Le Contane sind es acht Kilometer bis Ariano Ferrarese, ich gehe zwischen Tomatenanpflanzungen dahin, sehe immer noch einige Reisfelder. Auf einem Wiesenstreifen zwischen den Reisfeldern zusammengerottet, kreischten wie verzweifelt Hunderte von Möwen.

Es fängt an zu regnen, eine Frau kommt aus einem Bauernhaus, um die Wäsche abzunehmen, Vögel flüchten sich in die Äste einer großen Eiche unter dem dunklen Himmel. Im Regen, die Kapuze übergestülpt, kommt es mir jetzt vor, als wäre in dem, was da draußen los ist, so etwas wie die Fata Morgana einer ergreifenden Gegenwart. Ein Lockruf aus dem offenen Raum kommt von allem, was erscheint, wächst oder auftaucht, da draußen.

Der junge Fahrer am Steuer eines Volvo hat mich bis nach Mezzogoro mitgenommen, wobei er mir er-

zählte, er studiere Betriebswirtschaft und sei kurz vor der Promotion.
Auf einer Umgehungsstraße vor einem weißen Haus in einem Stil, den manche Leute als postmodern bezeichnen würden, bin ich ausgestiegen. Ein Bagger räumt gerade die letzten Reste eines Bauernhauses weg, vermutlich, um Platz zu machen für noch so ein weißes Haus. Unter den Trümmern sehe ich ein Postkartenvenedig und ein Madonnenbild.
Ein alter Mann auf einem Mofa hielt neben mir und sagte: »Heute früh hätten Sie da sein müssen, als das Dach heruntergerissen wurde.« Als hätte ich ein spannendes Schauspiel versäumt. Dann erzählte er mir die ganze Geschichte des eingerissenen Hauses und seiner unglückseligen Besitzer, ohne mir je ins Gesicht zu sehen: Als er mit der Geschichte fertig war, fuhr er grußlos weg.
Dem Alten mit dem Mofa wiederbegegnet, vor einer Bar, wo junge Männer mit Sandalen und Zahnstochern im Mund auf meine Schuhe schauten. Das heißt, sie sahen sich die Schuhe aller Leute und die Beine der Frauen an, ohne je die Augenlider zu heben; wie sie ihre Trägheit zur Schau trugen, war übertrieben. In der Bar sprach der Kellner mit einem Kunden über das Fischen. Als ich aus der Bar kam, stand der Alte mit dem Mofa wieder neben mir, er zeigte auf einen, der abseits saß, und flüsterte mir zu: »Das ist ein Ägypter. Außer ihm sind noch drei gekommen«, wobei er die Zahl mit seinen Fingern zeigte. Dann fuhr er grußlos weg.
Ich schreibe im Bus sitzend, es geht einen Kanal entlang, der zwischen zwei Betondämmen fließt, das

Wasser ist auf derselben Höhe wie die Straße. Dies ist das Reich der Kanäle.
Am Eingang von Codigoro überall Eigenheime. Ein großer Supermarkt ultramodernen Stils mit grünen Diagonalstreifen. Luxusbekleidungsgeschäfte mit englischen Namen beinahe an jeder Straßenkreuzung hier auf dem Land.

21 Uhr. G. angerufen, sie aber nicht angetroffen, ich hätte reden mögen. Auch die Vertrautheit mit einem Menschen, die wir bei uns haben, geht in die Landschaft ein, ihr Ton wird vom Raum angestimmt, der sich da draußen jedem Blick auftut; und auch die Gedanken sind äußere Erscheinungen, denen wir begegnen: Licht, scharf abgegrenzt, an eine Mauer geworfen, oder der Schatten der Wolken.
Um zu schreiben, muß ich mich immer erst beruhigen, mich hinsetzen oder irgendwo anlehnen, und der Zeit, die vergeht, darf ich keinen Widerstand leisten. Ich kann auch im Gehen schreiben, aber dann finde ich in meinem Heft nur Listen von Gesehenem, es fehlt die Öffnung des Raumes, in der ich alles gesehen habe.

10. Juni 1984 (Sonntag in Codigoro)

Erwachen in einer Unterkunft mit düsteren Vorhängen und einer großgeblümten Tagesbettdecke. Sofort ins Freie, Spaziergang zu dem kleinen, neu hergerichteten Bahnhof, in ein Viertel mit neuen Häusern.

Früher einmal breiteten sich hier überall die Sümpfe aus. Jahrhunderte hindurch wurden sie eigenhändig eingedämmt und trockengelegt von den Bauern, den Opfern der Malaria, und dann füllten sie sich wieder mit Wasser, wurden wieder trockengelegt von den Bauern, den Opfern der Malaria und der landwirtschaftlichen Genossenschaften, schließlich wurden sie trockengepumpt von den staatlichen Wasserschluckern, so wurden sie ein guter Boden für die sozialen Unternehmungen des Faschismus. Jetzt stehen hier moderne, kantige, gesichtslose Häuser.
Diese Häuser haben kein Gesicht, sie haben nur Sicherheitsöffnungen und Schutzflächen, hinter denen man sich versteckt. Man geht heraus, um nachzusehen, ob ringsum alles normal ist, dann versteckt man sich wieder in der Höhle. Große weiße Höhlen irgendeiner Randprovinz und Färberginsterbüsche, die planlos vor dem Bahnhof wachsen. Es ist Sonntag, auf den Straßen sehe ich nur Mädchen, die mit ihren Geheimnissen spazierengehen.

Jenseits der Geleise des Bahnhofs waren sonntägliche Radfahrer auf Rennrädern und mit bunten Trikots, sie fuhren gruppenweise vorbei. Es roch nach Gras. Gegen elf Uhr verdunkelte sich die Landschaft, die im vollen Sonnenschein dalag, ganz plötzlich, ein Flugzeug, das einen langen langen Reklamestreifen für ein Möbelhaus hinter sich her zog, flog hoch oben im Gegenlicht. Die Spieler auf einem Fußballplatz trugen Trikots mit den Namen einer Bank und eines Autohauses.

Lange stehengeblieben und den Reklametrikots beim Fußballspielen zugeschaut. Am Rand des Platzes die Frauen und Mädchen der Spieler in kleinen Gruppen, sie redeten von Haushaltsdingen, ohne auf das Spiel zu achten. Gut frisiert und mit leichten Kleidern, drehten sie sich nach den Geschehnissen auf dem Spielfeld nur um, wenn sie einander nichts mehr zu sagen hatten. Eine strickte, sie hob die Augen nur, um diesem Warten auf nichts zuzustimmen.
Manchmal erscheinen die Gebärden der anderen wie Posen, um eine sinnlose Vorstellung aufrechtzuerhalten. Eindruck einer leeren Ordnung, die sich überall und grundlos wiederholt. In den Großstädten klammern sich alle in erstickenden Liebesaffären aneinander, um in der leeren Ordnung, die sich grundlos wiederholt, nicht verlorenzugehen. Hier hat man eher das Empfinden, daß die Dinge nun einmal so stehen und daß kein großer Unterschied besteht zwischen der immerwährenden Wiederholung und dem zufälligen Wachsen von Sträuchern an einem Straßenrand.

Mittagessenszeit, auf dem Hauptplatz von Codigoro in einer Bar. Manchmal vergeht mir die Lust am Schreiben, ich habe den Eindruck, es sei vergeblich aufzuzeichnen, was ich sehe, denn das alles sei eine Vorspiegelung. Aber dann kommen mir die in den Sinn, die alles mit großen Abstraktionen ins Lot bringen, nur an das glauben, was sie in ihren Büchern und Zeitungen lesen, und die ganze Welt von oben herab behandeln, weil sie es nicht ausstehen

können, sich versprengt zu fühlen und der Zufälligkeit der Erscheinungen ausgesetzt zu sein. Wenn du das Gefühl hast, alles zu verstehen, vergeht dir die Lust am Beobachten.
Hinter dem Platz ist eine Straße, die den Po di Volano entlangführt, mit Häusern im Jugendstil jenseits der Brücke. Die Brücke ist niedrig, beinahe auf derselben Höhe wie das dahinströmende Wasser, vielleicht war es früher einmal eine Zugbrücke. Weiter vorne laufen die beiden Ufer auseinander und das Fließen des Wassers weitet alles und läßt einen freier atmen.
Bezaubert von den Häusern am Kanal, von denen, die ein venezianisches Giebelfeld mit drei Fenstern haben: kleine Fenster in einer Reihe unter dem Dach mit schönen grünen Fensterläden. Glorie der Frontalansicht bei der venezianischen Architektur: sie gewöhnt uns daran, die Oberflächen als etwas Festliches zu betrachten: als das Fest des Erscheinens in den Dingen.
Dann die Einfamilienhäuser am anderen Ufer, eines hat einen Turm mit Loggia und im Erdgeschoß eine Veranda im Jugendstil. In seiner großen Fassung sieht dies Haus viel privater aus als die anderen, hat ein schönes ruhiges Gesicht.
Die Häuser an diesem Kanal, an seinen beiden Ufern, sind lauter Bauten aus anderen Zeiten, verschönert durch den einfachen Rhythmus der Fenster, öffnen sie den Raum zu einer Art weitläufiger Flußschleife und bilden wirklich einen Ort. Nichts Abstraktes, nichts Programmiertes, dort unten sieht man, daß sich die Zeit in eine Form des Raumes um-

gewandelt hat, ein Aspekt nach dem anderen ist allmählich gewachsen wie die Falten unserer Haut.
Nun fahren Kinder mit Rädern um mich herum und schauen mir von der Seite heimlich beim Schreiben zu. Ich grüße sie, aber sie antworten nicht, aus Schüchternheit fahren sie davon.

Nachmittag auf dem Zimmer. Meine Karte zeigt das ganze Gebiet der großen Trockenlegung von Kanälen durchkreuzt, die eine Fläche einstiger Sümpfe überziehen, und im Süden fließt hier ein alter Arm des Po unter dem Namen Po di Volano vorbei. Der Volano mündet heute in entsetzliche, gänzlich asphaltierte Orte, die Lidi Ferraresi, für die Ferien und den Sommerbetrieb geplant, gedrängt voll mit gesichtslosen Bauten und winters leer wie ein Friedhof.
Ich bin in diese Gegend gekommen, um das Gebiet der großen Trockenlegung, das gleich- und überall produktiv gemachte Gelände zu sehen, und was noch vom ursprünglichen Land übriggeblieben ist. Das ganze Leben und die ganze Erde sind schon einem Plan ausgeliefert. Aber ich muß mein Mißtrauen aufgeben, muß beobachten, was sich Tag für Tag grundlos wiederholt, das unauffälligste aller Schauspiele.

Sonntagsspaziergänger auf dem Hauptplatz von Codigoro vor den Plakaten amerikanischer Filme. Der Platz ist eine Straßenkreuzung von unbestimmten Umrissen, trägt den Namen eines berühmten Opfers des Faschismus, und die Leute schlendern, grüßen einander, bilden Grüppchen.

Ein Kriegerdenkmal ist da, mit einem überspannt agierenden Unbekannten Soldaten, der einen Lumpen von bronzener Fahne schwingt. Viele Bars sind da und linkerhand eine Carabinieri-Kaserne in faschistischem Stil, vorgewölbte Fassade in Travertin. Der Tonfall, den ich um mich höre, die ferraresischen Vokale, die weinerlichen Nasale, erinnert mich an den Tonfall in der Familie meiner Mutter.

Außer dem Hauptplatz noch eine Kreuzung, in der Nähe davon ein Spielsalon, Jungen kommen in Schwärmen mit ihren Mofas und fahren wieder weg, während es Abend wird. Hier in der Straße sind Bars für Erwachsene, junge Männer in kurzen Hosen sitzen auf den Stühlen am Bürgersteig und greifen sich in der Aufregung eines Fußballgesprächs an ihre Testikel. Männer mit Hut stehen unter einer Straßenlaterne, zeigen Freude an der Plauderei.

Beim Abendessen im Restaurant sagen mir alle Blikke, daß ich eine unvollständige Einheit bin. Es ist immer, als ob einer, der allein ist, seltsame Rätsel bei sich hätte. Hier wird etwas gefeiert, alte Leute haben den Vorsitz an einem langen Tisch, junge Leute und Kinder sitzen dazwischen und prosten einander zu. Die Frauen, alle in Blumenkleidern, tragen eine große sexuelle Sicherheit zur Schau (ich kenne diesen Eindruck schon, den auf dem Land manche Frauen erwecken). Ein kleiner Junge hat einen Klaps bekommen und hat sich unter dem Tisch versteckt, jetzt schaut er sich die Beine der Frauen unter den Röcken an.

Man ist den Dingen nie fremd, die um einen herum passieren, und wenn man allein ist, noch weniger. Der Körper ist ein Organ, das in der Außenwelt versinkt wie ein Stein, eine Frucht, ein Blatt.

Noch immer Lust am Schreiben, nach dem Abendessen außerhalb des Dorfes und auf der Suche nach einer Telefonkabine. Vor dem großen Pumpwerk sind Kanäle, wo jetzt jemand fischt.
Ein roter Widerschein beim Sonnenuntergang und sofort ein Gewissensbiß, weil ich etwas nicht getan habe oder in dem Moment nicht tue, zugleich mit dem Gedanken an Menschen, von denen ich getrennt bin, und das sichere Gefühl, daß wir uns weiter verlieren werden. Auf dem Weg, der den Kanal entlanggeht, sehe ich jetzt viele Männer, die auf Klappstühlen sitzend angeln.
Man spürt, wie alle Rhythmen langsamer werden, auch am Geschrei der Vögel, an den Autos, die auf der großen Straße vorbeifahren, an einem Hund, der in einiger Entfernung bellt. Bei diesem Licht sehen die Felder, durch die die Kanäle fließen, in der Ferne aus wie die Oberfläche eines Spielbretts. Der eine oder andere Fischer hat schon seine Öllampe angezündet, im Weidengebüsch ist nur noch der unbestimmte Schatten und die abstrakte Ruhe dieser Tageszeit.

11. Juni 1984

Ortsende von Codigoro, in Richtung Migliarino, jenseits der Brücke über den Po di Volano. Kleine Häuser mit Gemüsegärten am Straßenrand, schöner Tag, typische Bewegungen für den Tag, an dem man die Arbeit wieder aufnimmt. Etwas Unmerkliches macht die Bewegungen des Montagmorgens kenntlich.
8 Uhr. Vor dem Bahnübergang ein langgestrecktes großes zweistöckiges Haus, auf dem in einer Reihe Statuen, klassizistische Bauernmädchen und Burschen in ländlichen Posen, stehen. Vielleicht eine alte landwirtschaftliche Genossenschaft, das große bogenförmige Eingangstor hat eine Tür aus genageltem Holz. Ein Lieferwagen lädt vor dem Tor etwas aus, eine Frau erscheint am Fenster und schäkert mit dem Lieferanten, und er findet den passenden scherzhaften Satz für diese Frau, die er sicherlich gern haben möchte.
Die Straße wird breiter und, als ich weitergehe, stoße ich wieder auf den Volano, dann auf das Pumpwerk. Auf einer Bronzetafel steht: GENOSSENSCHAFT DER GROSSEN TROCKENLEGUNG VON FERRARA, PUMPWERK VON CODIGORO. Auf der Tafel ist ein Relief, das eine Pumpwerkanlage darstellt; aber die sieht eher aus wie ein großer Damm mit viel Wasser, das herunterstürzt, als wären's die Niagarafälle; der Künstler hat also ein wenig übertrieben.
Das Pumpwerk ist ein turmförmiger trutziger Bau aus unverputzten Ziegeln mit riesigen Rohren, die

unten herauskommen. Der Aufseher in seinem Häuschen am Eingang hebt den Blick, fürchtet wohl, ich möchte eintreten, wendet sich aber dann wieder seiner Zeitung zu.

Die schnurgerade Straße führt den Kanal entlang, und jenseits des Kanals öffnet sich weit der Horizont, in der Ferne Pappelschranken. Zur Rechten nun das riesige graue Gebäude der Zuckerfabrik von Codigoro, ganz baufällig. Alle Fenster in den drei Stockwerken haben zerbrochene Scheiben, die Mauern Schimmelflecken und ein Oberlicht auf dem Dach hat ebenfalls zerbrochene Scheiben. Unkraut wächst in dem weitläufigen Hof zwischen den zerstückelten Platten, und am Zaun überlebt die Inschrift: »ERIDANIA«, STAATLICHE ZUCKERFABRIK.

Früher einmal war dies die einzige Industrie in der Gegend, alle wollten dieses Land zu einem Zuckerland machen, und ich weiß nun den griechischen Namen des Po wieder (der mit dem Mythos des Phaethon zusammenhängt), seit ich das Wort zwischen den Anführungszeichen gelesen habe. So ähnlich wie man manchmal an eine einstige Verlobte denkt, an Zeiten, in denen noch alle im Schoß der Familie zusammenkamen und man den Fabriken noch mythische Namen zu geben pflegte, weil die Industrien mythische Riesen waren. Jetzt heißt es auf einem Schild: INDUSTRIEBAUPLÄTZE ERIDANIA. Darunter eine Telefonnummer für Informationen und Verkauf.

Der verfallenden Zuckerfabrik gegenüber am anderen Ufer des Kanals sind Abfallhaufen. Jemand hat hier einen alten Kühlschrank, eine Sprungfedermatratze und einen kaputten Stuhl abgeladen. Neben den Abfällen hatten zwei alte Herren per Rad zu einem Schwatz angehalten, und wir sahen einander an.

Ich gehe immer noch den Kanal entlang, und jetzt komme ich mir in dieser Landschaft vor wie in Texas. Hochspannungsmasten durchziehen sie vom einen Ende zum anderen, die Drähte hängen über weite Entfernungen. Die Straße liegt höher als die Felder, und auf allen Seiten sieht man bis in die fernsten Fernen die Farbe der Tonerde. Eine brettflache Ebene zu meiner Rechten wüstenfarben, denn so sind die Ockertöne in dieser Gegend.
An der Tankstelle wechsle ich ein paar Worte mit dem Tankwart, der Wind geht, und die Luft ist sehr klar, ich sehe am Horizont noch ein verlassenes Fabrikgebäude, Schlote und Bauten mit leeren Fensterhöhlen.
Die Straße entlang stehen Lichtmasten aus Holz, und unten, jenseits des Kanals, fährt jetzt gerade die »littorina«, der Zug von Ferrara nach Codigoro, vorbei. Er ist grün, hat nur drei Waggons und fährt in der klaren Luft über Land, als wär's ein Gedanke, der dahinfliegt.
Das Gras am Straßenrand wird von kräftigen Windstößen geschüttelt. Jemand, der mich im Stehen schreiben sieht, ruft mir aus einem vorbeifahrenden Auto zu: »Heh, Schulmeister, wohin zu Fuß?«
Der Volano macht nun viele Schleifen, und die Straße führt mit vielen Kurven neben ihm her. In den

Feldern auf dem anderen Ufer sehe ich einen alten, halb zerstörten Wehrturm. Rechts sind viele Kanäle, die einander auf dem schachbrettartigen Grund kreuzen, einer kommt bis herher, indem er unter der Straße durchfließt.
Wenn ich könnte, würde ich mir diese Kanäle alle anschauen, einen nach dem anderen, so märchenhaft erscheinen sie mir. Die mythischen Zeitalter sind hier, in der Landschaft, auf den Straßen und in den Kanälen, die sich durch diese Gegend ziehen, und in dem Gebrauch, den man überall von der Welt macht.

13.30 Uhr. Eine Brücke, die nach Massa Fiscaglia hineinführt. Am Dorfeingang moderne Reihenhäuschen, senffarben. Jedes Häuschen hat seine Wendeltreppe, zwei massive Balkone übereinander und massive Mauerecken, die herausragen, um es von den anderen Häuschen zu isolieren. Senffarbene Häuschen für reiche arme Teufel, die nach einem Stil leben müssen.
Die Straße geht in vielen Kurven weiter, und man kommt zu einem großen asphaltierten Raum, der wohl einen Platz darstellen soll. Hier steht ein vierstöckiger Block mit Sozialwohnungen, die alle denselben Balkon mit Blechgeländer haben, und ich bin in der Bar gegenüber.
In der Bar und an dem Barkellner finde ich etwas wieder, das mir aus den früheren Zeiten von meiner Familie wohlbekannt ist: etwas Trübes, eine Ausdrucksweise, die sich die Not eigens erfindet, eine äußerste Vorsicht, erloschene Farben, ein Lebensge-

fühl ohne Eitelkeit. Eine Art offizieller Knigge der Not; überkommen aus Zeiten, in denen Leben nicht Planen hieß, sondern Auskommen und sonst nichts.
So wars bei uns in der Familie, so in dieser trüben Bar in Massa Fiscaglia, wo ein alter Billardtisch steht und Männer im Dialekt sprechen, alle mit Hut auf dem Kopf. Aber das Plakat eines privaten Turnclubs in einem Nachbardorf, das hier vor mir hängt, spricht Englisch: FUTURE FITNESS VON LAGOSANTO. DAY EXERCISES, FITNESS, BEAUTY.

Ein Herr mit Bärtchen hat mich auf der Straße nach Migliarino mitgenommen, aber unter Schimpfen. Am Steuer sitzend, sagte er: »Wenn man keine Mittel hat, bleibt man eben daheim. Und überhaupt, was gibt's denn eigentlich zu sehen? Herrgott Sakrament, die Leute sind ja wirklich blöd. Weit kann ich Sie nicht mitnehmen, wissen Sie? Herrgott Sakrament, umgebracht gehören sie, die Anhalter, alle zusammen! Wo wollen Sie denn hin zu Fuß?« Man hörte, er war Süditaliener, einer von denen, die zum Arbeiten in den Norden kommen und sich dann den hiesigen Dialekt aneignen, damit sie die Rolle eines Hiesigen spielen können.
Eine ziemlich wenig befahrene Straße, viele Kurven; es ist nicht sehr heiß, weil immer noch Wind vom Meer her weht. Erst jetzt bemerke ich, daß zu meiner Rechten hinter einer Schranke aus Schilf ganz in der Ferne wie Schatten die Berge aufgetaucht sind. Am Morgen hatte mir der Tankwart ja gesagt, heute sei ein so klarer Tag, daß man die Alpen sehen könne.

Was ich sehe, ist ein intensiverer blauer Schatten im Nordwesten, darüber weiße Wolken, die ihn unsicher machen. Es müssen die Voralpen sein.
Ein Kleinbus fährt vorbei, und der Fahrer sieht mich lange an, ohne jedoch auf mein Winken hin zu halten.

Einen Kanal entlang viel Schilf und Sumpfiris, ich stoße auf ein Schild, das sagt: FISCHEN NUR MIT ANGEL. Hier beginnt eine Reihe Platanen an der Straße.
Der Horizont ist eine ununterbrochene grüne Linie, abgesehen von einigen fernen Kirchturmspitzen oder dem dunkleren Profil einiger Weidengruppen, die in den Obstgärten stehen. Weiße Wolken steigen auf, wo das Meer sein müßte, und auf der anderen Seite sieht man, nun kaum wahrnehmbar, die blaue Linie der Berge.
Unter einem Sonnenschirm taucht in einiger Entfernung eine Obsthändlerin auf, am Straßenrand hat sie ihre Kisten mit Kartoffeln, Pfirsichen und Melonen aufgebaut; sie selbst sitzt auf einem Klappstuhl und liest eine Illustrierte.

Die Händlerin unter dem Sonnenschirm hat mir Pfirsiche verkauft und mir eine Flasche Wasser zum Händewaschen gegeben. Wohl um die Fünfzig war sie, und es schien sie nicht zu erstaunen, daß ich zu Fuß ging, sie gab mir Auskunft über eine Omnibushaltestelle ein bißchen weiter vorn. Ich sagte zu ihr, heute sei die Luft so klar, daß man die Alpen sehe, und sie antwortete, von hier aus habe noch nie jemand die

Alpen gesehen, dazu seien sie viel zu weit weg. Da suchte ich mit den Augen nach der blauen Linie, sah aber nichts, wegen des Schilfs am Kanal.
Es tat mir leid, von der Händlerin wegzugehen, aber sie hatte sich schon wieder ihre Illustrierte vorgenommen. Und unterwegs versuchte ich die blaue Linie der Berge wiederzusehen, aber ich sah nichts, da kam mir der Verdacht, ich hätte mir alles nur eingebildet. Später kamen weiße Wolken, die den Horizont verdeckten; wahrscheinlich hat von hier aus noch nie jemand die Alpen gesehen, aber sehr viele müssen es sich eingebildet haben, so wie ich.
Auch die Einbildungskraft gehört zur Landschaft: sie versetzt uns in einen Zustand der Verliebtheit in etwas, das da draußen ist, aber häufiger ist sie diejenige, die vor uns mit zu vielen Ängsten eine Wehr aufbaut; ohne sie könnten wir keinen einzigen Schritt tun, aber sie ist gleichzeitig auch diejenige, die uns weißgottwohin führt. Unumgängliche Göttin, die du führst jeden Blick, Gestalt des Horizonts, so sei es, Amen.

Mit einem Omnibus am Bahnhof von Portomaggiore angekommen. Die Halle leer, gemaserter Marmor an den Wänden, der Automat mit den Kaugummibällchen an seinem Platz, und eine Klingel, die ertönt, wenn ein Zug kommt. Der Bahnhof ist eine schmucklose Schachtel, sieht neu aus oder beinahe neu, steht in einer Allee mit lauter Eigenheimen. Nebenan sitzen in einer Kneipe, Sonnenschirme aus Bast im Freien und ein Vordach für die Fahrräder, einige junge Leute an Tischen und essen Eis.

18 Uhr, ich bin dabei, wieder nach Hause zu fahren. Nicht vergessen: den zerquetschten Igel auf der Straße mit seinen aufgerissenen Kiefern. Nicht vergessen: das Straßenschild, auf dem geschrieben stand: VERLORENE STRASSE. Nicht vergessen: die Frau in dem Milchladen, die mich mit den Worten »Guten Tag der junge Herr« begrüßte und mir, als ich ihr zu verstehen gab, gar so jung sei ich ja nicht, antwortete: »War nicht so gemeint.«
Im Zug bin ich, glaube ich, der einzige Passagier, der in Portomaggiore zugestiegen ist.

Ich hab ein wenig geschlafen. Nach Consandolo, Traghetto, Ospedale halten wir jetzt in Molinella.
Ich staune, wie groß diese Dörfer sind, wie viele Häuser, Straßen, Fabriken und Einwohner es gibt. Aber wie viele solcher Orte gibt es überall, von denen nur wenige etwas gehört haben. Denk an die, die du auf deinen Reisen in Amerika gesehen hast, wie gottverlassen kamen sie dir vor. Seltsame Namen, die Vorstellung einer kleinen Ansiedlung, und dann sind es aber jedesmal komplexe Orte, und man würde Monate brauchen, um sie ein wenig kennenzulernen.
Es ist jedesmal eine Überraschung, du entdeckst, daß du über die Außenwelt nichts Genaues weißt. Du verspürst das Bedürfnis, dich bei allen zu entschuldigen: Entschuldigt unsere Überheblichkeit, entschuldigt unser Reden, entschuldigt, daß wir geglaubt haben, ihr seid eine Handvoll Fliegen, auf die wir unsere Weisheiten spucken können.
Entschuldigt, entschuldigt, wir sind untüchtig und

vergeßlich, und nicht einmal schlau genug, um zu Hause zu bleiben, nicht herumzuziehen, zu schweigen, es zu machen wie die Bäume.

Landauswärts

31. Mai 1983

In der Nähe von Ostellato Besuch am Grab des Herrn Costantino. An einer Landstraße die Friedhofsmauer, zu rote Ziegel, Industrieprodukte, über dem Eingang eine lateinische Inschrift in Schmiedeeisen, für mich entzifferbar nur das Wort Incipit. Auf der Straße, die durch die bebauten Felder führt, warteten drei Männer neben ihren Autos und unterhielten sich über Sport und Fischen, und die Frauen waren im Friedhof, um frische Blumen auf die Gräber zu legen. Ein Kiesweg in der Mitte mit wenigen Reihen neuer Gräber aus schwarzem und grauem Marmor und hinten in einer Mauer übereinandergeschachtelt jene traurigen Grabnischen, kleine künstliche Flämmchen mit schwachem elektrischem Licht, künstliche Blumensträußchen.
An einem Grab waren ein Mädchen mit Jeans und eine ältere Frau, die den Marmor mit Stahlwolle und Waschpulver putzten, als putzten sie den Fußboden zu Hause.
Als wir im Krankenhaus waren, versprach ich dem Herrn Costantino, ich würde ihn besuchen kommen, leichtfertige Versprechungen, er hat es geschafft, inzwischen zu sterben. Sein Sohn, der mich mit dem Auto zum Friedhof begleitet und mir heute früh die Tür aufgemacht hat, nachdem ich geklin-

gelt hatte, ist ein Riesenmannsbild, noch größer als sein Vater. In dem Eßzimmer, das vollgestopft ist mit furnierten Möbeln, mit Vitrinen und Spiegeln überall und wo auf einer Konsole in der Höhe ein Fernseher steht, hatten wir uns nicht viel zu sagen; Emma, die Witwe des Herrn Costantino, tischte mir einen Milchkaffee auf, dann begann sie – ich weiß nicht warum – mir von ihrer Enkelin zu erzählen, die absolut nicht lernen wollte.

Ich habe den Sohn in Verwirrung gebracht, als ich am Friedhofsausgang zu erzählen anfing, jemand würde mich in Ostellato erwarten. Mein Anruf am Morgen, mein Wunsch, das Grab seines Vaters zu sehen, und daß ich nun zum Podelta fahren will, mit einem, der mich hier abgesetzt hat, um ein wenig über Land zu fahren, all das mochte dem Riesenmannsbild als eine merkwürdige Geschichte erscheinen.

Als er mich nach Ostellato brachte, sprach er im Dialekt von Ferrara, und ich sah in seinem Gesicht die vertrauten Züge der Familie; wie die Muskeln über das Gesicht verteilt sind, gewisse Blicke, die immer gleich bleiben, von Kind an, Familienmale bis zum Tod.

11 Uhr, in Ostellato, Reinhard Dellit ist noch nicht zu sehen. Heute früh hat er mich in Ferrara aufgelesen: sanfte lächelnde Miene, eine runde kleine Brille mit Goldrand und ein schönes Seidenhemd, ich hatte ihn ganz anders in Erinnerung. Wir sprechen Englisch, er möchte das Podelta besichtigen und plant einen Dokumentarfilm für ein deutsches Fernsehen.

Aufzeichnungen über den Herrn Costantino, den ich nicht vergessen will. Als wir im Krankenhaus waren, sagte er oft: »Das nenn' ich ein Leben hier, Gesellschaft und unsere Ruhe, kein Vergleich mit dem Familienleben daheim!« Bei der Familie daheim langweilte er sich, und oft fing er an zu kochen wie ein Topf, so sagte er.
Wenn er mich schreiben sah, machte er immer dieselbe Bemerkung: »Schreiben Sie schwieriges Zeug, so was, das solche Esel wie ich nicht lesen können?«
Nicht vergessen: als wir einmal auf den Wegen des Krankenhausgartens spazierengingen und in einen Aufbahrungsraum traten, sah er den Toten an und sagte zu mir: »Haben Sie gesehen, Herr Schreiberling? Das hier, das nenn' ich Realismus.«

12 Uhr. Immer noch warte ich hier in der Bar unter den Arkaden, mein Reisegefährte läßt sich nicht blicken. Burschen in der Bar beäugten mich und steckten die Köpfe zusammen, während ich schrieb; mich beinahe aus nächster Nähe streifend, musterten sie mich wie ein seltsames Tier (weil ich schrieb?), und ich grüßte sie.
Nur noch wenig Leute auf dem Land erwidern einen Gruß; gestern wandte ein junger Mann verlegen die Augen ab, heute früh tat eine Frau so, als würde sie mich nicht hören, und vor einer Weile erwiderte mir hier in Ostellato ein Autofahrer: »Was?« Nur die alten Leute tun nicht so, als hätten sie etwas anderes im Kopf, um einem nicht ins Gesicht zu sehen, vielleicht haben sie es satt, immer nur so zu tun, weil sie es ein Leben lang machen mußten.

Apathie des gesamten äußeren Funktionierens. Es gibt Fahrpläne, Omnibusse und Züge, die abfahren, den Handelsverkehr, die verwaltungsmäßigen Gründe, das abstrakte Spiel der Welt, die in Gang gehalten werden muß, und im übrigen: ein Lied ohne Gefühl.

Der Herr Costantino machte noch eine Bemerkung, über die ich lachen mußte. Er sagte, er würde im Rathaus ein Gesuch einreichen, weil er nur mehr mit seiner Steuernummer angesprochen werden wolle. Er sagte, jeder möchte sich heute einen Namen kaufen, den Namen eines Autos, den Namen eines Ferienortes, den Namen eines Modeschöpfers, den Namen einer Speise oder eines Fernsehmoderators. Aber sein Name interessiere keinen, keiner würde ihn je kaufen, also wolle er sich nicht aufblasen, und es wäre weitaus richtiger, wenn ihn alle mit seiner Steuernummer ansprechen würden.

Nach zweistündiger Verspätung war Reinhard Dellit mit seinem großen deutschen Auto zur Stelle, er hatte sich unterwegs beim Anschauen verfahren. Er hatte eine Kälberzucht fotografiert, und es hatte ihn beeindruckt, daß jedes Tier ein Nummernschild am Ohr hatte; ich sagte ihm, das sei normal, auch in Deutschland sei es sicher so, jedes Tier habe heutzutage seine Nummer.

Außerdem war er betroffen, weil er ein ganzes Feld voll Abfälle, Plastiktüten, Flaschen, Büchsen, Teile weggeworfener Möbel gesehen hatte; eine riesige Fläche voller Müll, über der, wie verrückt gewor-

den, Hunderte von Möwen schwirrten. Auch das hatte Reinhard Dellit sehr überrascht.
Außerhalb von Ostellato halten wir neben einer Molkerei zum Tanken, und der Tankwart erwidert unseren Gruß nicht. Aber die Milchfrau lächelte Reinhard ins Gesicht, denn er versuchte Italienisch zu sprechen, und sie sagte: »Wir verstehen zwar euch Deutsche nicht, aber es ist trotzdem nicht schlimm.«
Wir fahren in Richtung der Wassertäler von Comacchio. Ich habe Halsweh, und auch meinem Zahnfleisch geht's auf einer Seite nicht gut. Wenn jemand neben mir ist, werde ich mit den Bildern besser fertig, wenn sie da draußen heranrücken wie eine dunkle Frage, die man immer in der Schwebe lassen muß.

Jenseits einer Zugbrücke zwischen den Getreidefeldern, die sich ausdehnen, so weit das Auge reicht, und sehr fernen Horizonten hinter der Schranke der Pappeln laufen die geraden Linien der Strommasten durch den ganzen Raum von Horizont zu Horizont. Der Himmel ist wolkenlos, und ein Traktor scheint mitten auf der Straße nicht mehr weiterzukommen.
Wir fahren gerade durch ein Wassertal, ein Schild verkündet: NATURSCHUTZGEBIET. Links tut sich ein weites weiches moosbewachsenes Gelände auf, das einer Tundra ähnlich sieht. Wir fahren über eine Brücke zwischen zwei Betonwürfeln, Anlagen zur Wasserregulierung, und gleich davor liegt die Lagune. Ein schnurgerader Asphaltstreifen geht mitten durch, Möwen fliegen hoch oben nordwärts, und

zwischen den Schilfinseln sehen wir Reiher durch das stille Wasser waten.
Als wäre man auf hoher See, so sieht man auch hier die Grenzen des Wassers nicht, nur ein Streifen Land auf der rechten Seite, wo ein Herr unter einem Regenschirm sitzt und angelt. Mein Reisegefährte hat angehalten, um zu fotografieren, zwei Mädchen auf Mofas drehen sich im Vorbeifahren nach ihm um und kichern zusammen. Von den kleinen Inseln aus Schilf und Binsen fliegen schwarze Vögel mit sehr spitzigen Flügeln auf, und mit diesen Flügeln schlagen sie heftig im Gegenwind, um nicht von den Windstößen fortgetragen zu werden.
Ich sitze auf einem Rohrstutzen der Gasleitung und spähe den Möwen nach, die kreischend über die Wasserfläche gleiten, unten am Wasser ruhige Säbelschnäbler mit ihren langen, an der Spitze gekrümmten Schnäbeln und Seidenreiher, die ich am Flug erkenne. Laster und Autos fahren vorbei, der Wind schüttelt das Gras vor mir, das graue Wasser der Lagune bewegt sich in vielen aufeinanderfolgenden kleinen, halbmondförmigen Wellen.
Tief fliegt ein Hubschrauber der Polizei vorbei, Reinhard sieht ihm mit himmelwärts gewandter Nase nach. Dann auf dem Asphalt, weiß im Widerschein, eine Katze mit aufgeplatztem Bauch, ein Opfer des Ortsverkehrs.

Am Ende des schier endlos langen Asphaltbandes kommen wir in ein Dorf namens ANITA (so hieß Garibaldis Frau, die hier in der Nähe in einer Hütte gestorben ist). Eine menschenleere landwirtschaftliche Siedlung, bestehend aus einer Reihe niedriger Häuser und einer bunkerähnlichen Betonkirche. Auf der Wiese vor der Kirche die roten Fahnen eines kommunistischen Festes, und niemand ist um diese Zeit unterwegs. Die Fahnen feiern den hundertsten Jahrestag eines Satzes, der auf einem riesigen, vom Regen verwaschenen Schild steht: PROLETARIER ALLER LÄNDER VEREINIGT EUCH, 1883–1983.

Der leeren Wiese gegenüber das Rathaus und eine Bar mit einem Dach aus Wellblech, geschlossen, am Ende der Straße verschwindet ein Traktor um die Ecke. Auf dem Boden feiner Sand über dem Asphalt, und hier muß noch in jüngeren Zeiten Wasser gewesen sein. Zeiten, in denen hier nur die Fischer der Wassertäler lebten, die nicht Italienisch sprachen und von der Bevölkerung im Landinneren (beispielsweise von meinem Vater) als Zigeuner betrachtet wurden, und ringsum in kleinen Haufen Flußgeschiebe, von der Strömung angeschwemmt, von Luft und Wasser zersetzt, abgelagert auf den kleinen Lehmstreifen in diesen heute trockengelegten Wassertälern.

In den Büschen weggeworfene Gegenstände, um die herum sich der feine Sand ansammelt, und diese Straße führt nirgendwohin.

Zurück auf einer anderen schnurgeraden verlassenen Straße. Da führt eine Reihe Strommasten zu einem Komplex dreistöckiger Häuser mit Sozialwohnungen, mitten in den Getreidefeldern. Die Sonne steht noch hoch, aber das Licht wird schon dünner,

die Umrisse der Dinge verlieren an Schärfe und ziehen sich in die Länge.
Während mein Reisegefährte in einem Maisfeld spazierenging, kam mit einem kleinen Auto ein einäugiger Herr hier an. Er glaubte, ich sei der Sachverständige, der kommen sollte, um sich die Zwiebeln anzusehen. Er klärte mich darüber auf, daß es hier eine landwirtschaftliche Genossenschaft von sechsundsiebzig Personen gebe, die in den Sozialwohnungen untergebracht seien, und daß er selbst auch seit acht Jahren hier wohne, und daß es ihm gut gefalle, auch wenn es ein wenig abgeschieden sei, aber mit einem, der von auswärts komme, wechsle er immer noch gern ein paar Worte (leider gebe es hier keine Bar).
Klein, glatzköpfig, die Innenseite des Hemdes schwarz umrandet, einäugig, süditalienischer Akzent; einer, der Lust hat zu grüßen, wenn er in diesen Ebenen einem Artgenossen begegnet.

Nach meiner Militärkarte verlief hier früher einmal ein dünner Landstreifen, der Argine dei Borgazzi hieß und die große Valle del mezzano im Westen von der Valle Pega im Osten trennte. Hier war nur Wasser, und in den Wassertälern Landstreifen aus Lehm und Sumpfgewächsen voller Vögel; einer dieser Streifen hieß Dosso Mondo Nuovo, ein anderer Barena Zavalea, wieder ein anderer Dosso del Moro. Die Namen sind verschwunden mitsamt allem anderen, das ich nicht kenne und mir mit Hilfe der Wörter vorstelle. Die einzigen nicht trockengelegten Wassertäler im Osten haben nun gar keinen Namen

oder nur einen Sammelnamen, sie heißen alle Valli di Comacchio.
Wenige Vögel und viele Autos, die vorbeifahren, rechter Hand Wasser. Ein uralter Damm, der Valle Rillo von Valle Fattibello trennte, ist heute diese schnurgerade verkehrsreiche Straße, die nach Comacchio führt.
Eine Umleitung. Ein Wasserarm im spitzen Winkel, umgeben von einer Sumpfbinsenlandschaft, die von ferne wie eine Tundra aussieht, mündet in einen Kanal, der von einem »lavoriero« gesperrt ist. Der »lavoriero« ist ein dreieckiges Gebilde aus Holz, dessen Grundstruktur eine Sperre aus Holzpfählen und Schilf, quer über den Kanal. Im Frühjahr kommen die Aale aus dem Atlantik und schwimmen kanalaufwärts, und wenn sie nach dem Sommer zur Paarung wieder aufs weite Meer hinaus wollen, bleiben sie in den »lavorieri« hängen.
Dank dieses dreieckigen Gebildes, in dem die Aale gefangen werden, ist der Fischfang so geregelt, daß niemals ein ganzer Schwarm ausgerottet wird. Heute früh begann ich, kaum daß ich aus dem Friedhof war, schon den Herrn Costantino zu vergessen; ich hatte böse Gedanken und überhaupt keine Lust, weder um mich zu blicken noch zu schreiben; erst auf der Fahrt durch diese Wassertäler habe ich mich wieder erholt.
Eine vollkommen flache Landschaft, nach allen Seiten hin Wasserränder; in der einzigen großen Wolke am Himmel, welche die Sonne von hinten bescheint, leuchtet und schimmert es von vielen kleinen Kreuzen.

Wir fahren hinein nach Comacchio über eine bewegliche Brücke, die den Hafen abschließt. Sofort Algengeruch und Männer mit verschränkten Armen, die auf die Lagune hinausschauen, dort hängen die großen Netze über dem Wasser, und im Wasser stehen Pfahlbauten für den Fischfang. Das Licht wird leicht, es hebt die Dinge vom Boden ab, und ausgerechnet jetzt bemerkt Reinhard, daß die Batterie seines Belichtungsmessers leer ist.
Auf unsere Frage, wo wir ein Geschäft für Fotozubehör finden könnten, bekommen wir Auskunft von einer vor der Bar sitzenden Männerreihe. Die ganze Reihe bewegt gleichzeitig die Hand und deutet in dieselbe Richtung und wendet sich dann wieder schweigend dem Verkehr zu, mit immer noch einheitlicher Gebärde.
Auf den Straßen herrscht dichter Verkehr, nicht einfach, mit dem großen Auto durchzukommen. In dieser überfüllten Gegend spielen Jungen auf Fahrrädern Fangen zwischen den Autos, Frauen auf der Straße reden mit Frauen am Fenster, ein Mädchen mit Latzhose erzählt einer Freundin eine ganze Fernsehsendung, und die Straße ist durch zwei Lieferwagen blockiert, die in entgegengesetzter Richtung unterwegs sind und nicht aneinander vorbeikommen.

In der Bar im Freien, wo ich in einer hohen Loggia im Renaissancestil sitze, sind nur Erwachsene und alte Leute. Doch gegenüber ist das Revier der Jugend um den kleinen SPIELSALON, wo ich vorher stehengeblieben war.

Aus dem Spielsalon kommen zugleich mit dem Gepiepse der Videogames elektrischblaue Reflexe, die das altehrwürdige Steinpflaster elektrischblau beleuchten: Jungen und Mädchen auf Mofas geben unentwegt Gas, während sie sprechen, und jeden Moment drehen sie ihre Köpfe herum, um zu sehen, was ringsherum geschieht. Abgesehen vom Hin und Her der Mofas gibt es offensichtlich Tausende von Anziehungspunkten, und es sieht so aus, als wollten sie sich alle ohne Unterlaß in Richtung dieser Punkte katapultieren, als könnte man nie aufhören, etwas zu suchen, das anderswo ist, und müßte immer Gas geben, um stets bereit zu sein, auf irgendeine märchenhafte Entdeckung der Augen loszurasen, stets im Schlepptau dessen, was gerade los ist.
Mein Reisegefährte ist weggegangen, um sich die Mauern von Comacchio auf der Meerseite anzusehen, und ich ruhe mich hier im Revier der Erwachsenen und der alten Leute aus, wo ich mich erleichtert fühle, da die Anziehungspunkte rings um die Tische beständiger sind. Wenn jemand um sich blickt, dann, um sich ein wenig zu zerstreuen, nicht um etwas zu suchen, dem er nachrennen könnte.

19 Uhr. In derselben Bar. Masotti angerufen, um ihm zu sagen, daß ich hier in der Nähe und zum Podelta unterwegs bin, er hat mir sofort eine telefonische Lektion über die bäuerliche Architektur in dieser Gegend erteilt: das Verschwinden der alten großen Bauernhäuser und der Fischerhäuser mit Strohdach, der Bau der Häuser in den trockengelegten Gebieten, dann die Agrarreform von 1951, die

neue gesellschaftliche Isolierung auf dem Land. Ich mußte ihn bitten aufzuhören, denn seine typisch kommunistischen Erklärungen für »die Gründe« der Welt konnte ich selbst per Telefon nicht mehr aushalten.

Gedanken, die mir gekommen sind. Man ist zur Beobachtung bereit, wenn man anderen zeigen will, was man sieht. Die Verbindung zu den anderen gibt den Dingen Farbe, sonst würden sie fahl erscheinen. Es ist immer die Leere in der Mitte der Seele einzudämmen: Deshalb gehen wir ja gesehenen oder geträumten Bildern nach, um sie anderen zu erzählen und ein wenig freier zu atmen. Aber bei manchen Leuten vergeht einem die Lust am Erzählen sofort: Die suchen nämlich nur nach »den Gründen« für die Welt, und ein Bild bedeutet für sie nur eine leidenschaftslose Auskunft über das Funktionieren der Außenwelt.

Eine Erzählung von Delfini gelesen, in der sich der Held in den Kopf setzt, Schmuggler und zugleich Schriftsteller zu werden. Ein wirklicher Schriftsteller zu werden, verlangt zuviel Heuchelei, und das Heucheln ist dem armen Delfini nie gelungen. Aber der Schmuggler-Schriftsteller kommt, um Rache zu nehmen: um die scheinheiligen Bürger zu betrügen, die sich einbilden, es gebe überhaupt kein Loch in der Mitte, es sei alles in bester Ordnung, beinahe, als hätten sie einen festen Fels in sich und nicht ein Loch wie alle anderen.

Auf dem Platz mit dem Kirchturm Schwärme von Mädchen, die im Dämmerlicht spazierengehen, und alle gebärden sich, als müßten sie ihrer Kleidung entsprechend eine Rolle spielen. Die mit den Jeans spielt eine andere Rolle als die mit dem Faltenrock, und keine kann auch nur für einen Augenblick vergessen, von welchem Stil sie regiert wird. Aber welch ruhigen und überzeugenden Beitrag leisten alle diese Mädchen zum Zeremoniell des Abends! Über dem Kopfsteinpflaster, wo sich Jungen mit einem Eis in der Hand, klingelnde Fahrräder, Bademeister mit Unterhemden und neugierig um sich blickende Touristen drängen, herrscht ein diffuses Gemurmel. Ich höre zu, und jeder Satz hat seine eigene Modulation wie ein Gesang, jedes Wort ist ein Lockruf. Die Leute rufen einander wie die Vögel, sie singen oder erzählen, und sonst machen sie gar nichts, das ist eben das tägliche Leben. Vielleicht hat das, was wir sagen, kaum eine Bedeutung, alles ist schon seit eh und je ausgedrückt durch die Ordnung, die uns lenkt.

Bis nach Porto Garibaldi zurückgefahren, auf der Suche nach einer Unterkunft. Aber hier ist alles geschlossen, die Saison hat noch nicht begonnen. Die Wirtin eines Lokals am Hafenbecken hat einen Tisch für uns ins Freie gestellt und jedem einen Berg Spaghetti serviert. Am Kanal eine deutsche Mutter mit ihrem Kind, die einheimischen Kinder schauen den beiden nach, wie sie spazierengehen, unterdessen kommt Ruhe in die Farben, in die Luft, in die Welle auf dem Kanal, die nicht mehr zurückfließt.

1. Juni 1983

In Goro in einer Bar mit Fremdenzimmer, die Uhr auf dem Hauptplatz schlug neun, und wir wurden geweckt von einem Wortwechsel zwischen drei deutschen Touristinnen und der Wirtin. Die drei protestierten, weil ihrer Meinung nach das Zimmer zu teuer war, Reinhard mußte hinunter, um ihnen klarzumachen, daß sie sich irrten.
Auf der kleinen Allee vor der Bar mit Fremdenzimmer, einer Straße mit verblaßten zweistöckigen Häuschen und schmächtigen Bäumchen zu beiden Seiten fährt ein Junge mit dem Fahrrad vorbei. Auf den ersten Blick erfasse ich, was da draußen geschieht, erfasse die Jahreszeit und die Tageszeit, das Geflecht der selbstverständlichen Dinge, die ich wiederkennen und benennen kann. Wenn all das ein abgekartetes Funktionieren wäre, dann brauchte ich ja nur eines der großen Wörter (aus der Soziologie oder sonstwoher) hervorzuziehen, die im Handumdrehen »die Gründe« der Welt, wie sie ist, erklären. Aber dann wäre das, was geschieht, schon abgekartet und erklärt, noch bevor es überhaupt geschieht!
Das ist es. Wenn man in jener Sprache der großen Wörter spricht, wird es schwierig, hin und wieder zu merken, daß man da ist.

In der Nacht konnte mein Reisegefährte nicht einschlafen, er stand immer wieder auf, um im Dunkeln zu rauchen. Er erzählte mir etwas von einer Gruppe deutscher Verhaltensforscher, die am Po-Delta unterwegs sind, weil sie über einige Vogelar-

ten arbeiten, die in der Gegend ihre Nester bauen. Eine Frau aus Düsseldorf hat sich ihnen angeschlossen, und die sucht er; das ist die Neuigkeit des Tages. Wir winken der Wirtin lange und fahren zum Damm des Po di Goro, am Damm hängt in langen Reihen die Wäsche. Im Schilf jenseits des Dammes ein Kuckucksruf und das Liebesquaken der Frösche. Ich stieg hinunter ins Gras zwischen das Schilf, wo langsam das Wasser des Kanals floß, und im Morgengrauen sah ich ein Geisterboot vorbeifahren; im Boot besprachen zwei Männer, auf welche Weise man am besten eine Kurbelwelle ersetzen könnte.
Wieder ein anderer Damm, und diesmal sind wir am Po di Gorino, wieder ein schmaler Kanal voll Sumpfgras. Kurz vorher hatte uns ein Jeep des Forstamts überholt, mit einem Mann und einem Mädchen; und als wir an der Kreuzung ankommen, wo rechts ein Weidenwäldchen liegt, gibt Reinhard, als er den Jeep stehen sieht, unvermittelt Gas.
Er hatte – schneller als ich – bemerkt, daß das Mädchen über die offene Hose des Mannes gebeugt war. Die beiden zelebrierten in dem Weidenwäldchen den geheimen Ritus wie ein »beiseite gesprochen«, im Vergleich zu dem apathischen Ganzen, das da draußen funktioniert.

Wir kommen auf die Via Romea hinaus, halten zum Mittagessen in einem riesigen Restaurant für Sommertouristen. Ein ungeheuer großes, langgestrecktes Gebäude mit braungetönten Fenstern, gestreiften Vorhängen und einem riesigen Parkplatz.
Etwa hundert Meter weiter noch ein Gebäude von

demselben Format mit verschiedenen Schildern, die verkünden: EINRICHTUNG 2000, NIEDRIGSTPREISE FÜR IHRE WOHNUNG. Aber drinnen ist nur ein Gewirr aus verkohlten Überresten und ein Geknäuel von durch einen Brand verbogenen Stahlteilen, während aus der Fassade durch die Feuerhitze eine komische Beule herausgewachsen ist, die aussieht wie eine Kaugummiblase.

In dieser Gegend hat man die Strände massakriert, das Gebiet in eine Wüstenei für Sommerwohnungen verwandelt, ein katastrophaler Ramsch überall. Und überall werden noch die sternfremden Asphaltflächen ankommen, dann ist alles besetzt forever and ever, vor dem enorm großen Restaurant kommt jetzt gerade ein Bus mit ausländischen Touristen an.

Landeinwärts in Richtung Ariano Polesine. Im Morgenlicht, das heute zu stark blendet, und hinter den Dunstschleiern, in denen die Umrisse der Dinge verschwimmen, erscheint mir ein Traktor mitten auf dem Asphalt sofort als ein Signal für Emsigkeit, und eine Frau mit Kopftuch, die vorbeiradelt, als ein zweites Signal für Emsigkeit. So erscheint mir nach und nach die ganze geordnete Landschaft mit den kleinen Bauernhäusern, Gemüsegärten, Getreidefeldern und Obstgärten als die Gestalt gewordene emsige Welt; und alles, was meine Augen erreicht, erscheint mir als die Bestätigung einer Welt, die ich wiedererkannt zu haben glaube.

Wenn ich überlege, habe ich eigentlich nur eine bestimmte Art von Licht wiedererkannt, das sommerliche Licht der emsigen Jahreszeit der Ernte. Wir sind auf dem Hauptplatz von Ariano Polesine, wo auf einem Kriegerdenkmal die Gefallenen des letzten Krieges fein säuberlich von denen der anderen Kriege, dann die Gefallenen in Libyen von den Reihen aller anderen abgetrennt sind. Vor der Bar sitzt unter dem Sonnenschirm ein Kerl, der sich kratzt und gähnt, an der Mauer hinten eine Inschrift, die sich auf ein kürzlich ausgetragenes Fußballmatch bezieht: JUVENTUS SEI UNSER TRAUM!

Masotti ist mit einer Kawasaki zu unserer Verabredung gekommen, er hat eine seiner vielen Freundinnen dabei. Braungebrannt, nach allen Seiten Blicke werfend, stets auf der Suche nach etwas, fängt er sofort an, mir von seinen Untersuchungen zu erzählen, ohne auch nur Atem zu holen. Er ist der Kulturreferent eines Dörfchens in dieser Gegend und organisiert mit Hingabe Kulturtage für junge Leute und stellt Untersuchungen über die Gegend an. Gerade ist er mit einer Studie über das Gebiet um Rosolina (in Richtung Chioggia) fertig, aus dem alle jungen Leute weggehen, weil es keine Arbeit gibt, es bleiben nur alte Leute, Frauen und Kinder, und die einzige Hoffnung bestünde – nach Masotti – darin, daß eine Investmentgesellschaft alles kauft und renommierte Ferienorte für reiche Leute daraus macht.

Er erzählte mir noch von einer Forschungsstudie hier in der Gegend des Po di Goro über das, was von dem einstigen »Schatz eines Umweltwissens« übriggeblieben ist: von dem Wissen über Kräuter, Bäume, Geländearten und Gewässer, Wetterprophezeiungen und Volksheilkunde. Aber die alten Leute scheinen über diese Dinge absolut nicht sprechen zu wollen, es ist, als würden sie sich schämen. Masotti ist sehr enttäuscht, denn er hatte schon wer weiß was für einen kulturellen Kontakt zwischen alt und jung geplant. Wie sollte er funktionieren? Über den lokalen Radiosender, mit einem Preisquiz (er hatte sogar schon einen Sponsor gefunden).

12.30 Uhr. Masotti hat von allen seinen Studien erzählt und ist, ohne Reinhard eines Blickes zu würdigen, mit seiner neuen, immer schweigend zuhörenden Freundin wieder abgezogen. Der Kerl unter dem Sonnenschirm vor der Bar sitzt immer noch da, kratzt sich und gähnt, auf dem Platz blendendes Licht und kein Schatten.

Mein Reisegefährte will nach den deutschen Verhaltensforschern suchen und nach der Frau, die bei ihnen ist, aber er weiß nicht, wo sie sind, und aufs Geratewohl nach ihnen zu suchen, behagt mir nicht, wir sind durch diese aberwitzige Zusammenkunft mit Masotti ohnehin schon von der Route zum Delta abgekommen; und ich möchte nun möglichst schnell zur Spitze des Deltas, zur Grenze des festen Landes kommen, mich von den Orten der Begegnungen entfernen (keinerlei Lust, irgendwelchen Verhaltensforschern zu begegnen).

Von Ariano Polesine bis Porto Tolle sind es nur zwanzig Kilometer, in einem Tagesmarsch könnte ich das Delta erreichen. Aber Reinhard bittet mich, ihn zu begleiten, und ich spüre, er glüht vor Liebe: also fahren wir in Richtung Taglio di Po und Contarina, eine einzige lange Peripherie, die sich über das Land hinzieht bis zu den Schwellen des Deltas.

14.30 Uhr. Der Wochenmarkt auf einem kleinen Platz in Contarina: Kleider, Käse, Kofferradios, Töpfe, Pullover und Stoffreste. Die Stände um den kleinen Platz werden um diese Zeit schon allmählich abgebaut. Vor dem Hintergrund von Bäumen und Zeltplanen, zwischen farbigen Schirmen und offenen Lieferwagen die Frauen und Männer, die von Markt zu Markt ziehen.
Die Männer in Unterhemd, Shorts und Sandalen, die Frauen alle mit geblümten Kleidern, arbeiten mit ziemlich langsamen Gebärden, Scherzworte fliegen von einer Zeltplane zur anderen, von einem Schirm zum anderen.
Ein großer muskulöser Mann bleibt redend stehen, wobei er die Holzstangen seines Standes hochhält, und er wiederholt denselben Satz drei- oder viermal, bis jemand lacht.
In den Augenblicken, in denen es mir gelingt, die Ruhe zu bewahren, berührt es mich immer wieder, wie praktisch da draußen alles ist: keine Bewegung erscheint mir umsonst, alles scheint mir in einem Zeremoniell ineinander zu greifen, das jeden Aspekt der Welt, jede Stunde und jeden Augenblick des Tages, jeden den Umständen entsprechend gesagten Satz einschließt.
Mancher hat seine Ware schon auf den Lieferwagen geladen, verabschiedet sich von den anderen mit Schreien und Zurufen. Die Abschiedszeremonie wird immer mit einer humoristischen Pointe abgeschlossen, die der Abfahrende wie eine Spur hinter sich zurückläßt.
Reinhard ist telefonieren gegangen, er ruft in Düs-

seldorf an, um etwas von der Frau in Erfahrung zu bringen, die er sucht. Eine Erzählung von Delfini zu Ende gelesen, in der eine tüchtige, lebenslustige, selbständige Modistin mit ihrem Geliebten im siebten Himmel ist, aber ihr Geliebter verläßt sie, und die Modistin setzt sich in einen Sessel und ist nur mehr das eine: eine Frau, die in einem Sessel sitzt und nachdenkt (wenn wir uns fallenlassen, ist es das Loch mitten in der Seele, das uns in seinen Schoß aufnimmt wie ein Sessel, aus dem man nicht mehr aufstehen mag).
Viele Gedanken auf dieser Reise; den Herrn Costantino nicht vergessen.

Porto Levante, 16.30 Uhr. In dem leeren Lokal, wo wir nach den deutschen Verhaltensforschern gefragt haben, schaut sich das Mädchen an der Theke im Spiegel den Hals an und, während sie das Kinn hochhebt, sucht sie ihn mit der Hand nach Falten ab.
Der Ort ist ein kleiner Komplex von nebeneinander aufgereihten Häusern am Ende einer langen Bucht, die einem Kanal ähnlich sieht. Ein Streifen Land, der ins Meer hinausreicht, trennt die Mündung des Po di Levante von der des Po di Maestra, und wir befinden uns somit auf einem Faden des Spinnennetzes, das sich über die Wassertäler nördlich des Deltas ausbreitet.
Die Sonne ist der Hitze halber ein wenig verschleiert. Zum großen Teil stehen die Häuser am Hafen, in dem sich viele Fischerboote zusammendrängen; es sind Häuser mit hellem Verputz, wie man sie an

Orten am Meer gewöhnlich antrifft. Zwei Mädchen rufen einander zu, von einem Haus zum anderen, ihre Rufe sind langgezogen wie bei den Vögeln, die auf dem Balkon wiederholt mehrmals einen Lockruf, der zwei Noten hochsteigt und mit einer Note in Moll ausklingt.
Auch von den Kähnen höre ich Rufe, aber sie sind in erkennbaren Worten artikuliert. Tief fliegende Mauersegler über den Booten, im Sturzflug nach unten, dann im letzten Moment mit einem Ruck nach oben.

Auf der Straße, die der langen Bucht folgt, holpern die Busse wegen der vielen Schlaglöcher im Asphalt. Ringsum säumen am ganzen Horizont niedrige Erdstreifen das Wasser, und jetzt setzen wir auf einem Schleppkahn zu mäßigem Preis über die Bucht. Reinhard steht am Kiel, sein Blick driftet ab, während der Führer des Schleppkahns fröhlich erklärt, er sei »im Fall eines Schiffsbruchs« nicht verantwortlich.
Nahe der zerlappten Küste fährt ein Motorboot entlang, das die Schilfgrasbüschel streift. Diese Zerlappungen sind unsicheres Gelände, und was man heute sieht, wird nächstes Jahr durch Überschwemmungen oder Sturmfluten oder Strandverschiebungen schon verändert sein, was man heute sieht, hat die Gnade einer Erscheinung inmitten unentwegten Versinkens.
Auf der anderen Seite der Bucht eine kleine, mexikanisch anmutende Kirche, allein auf einer Landzunge stehengeblieben. Fische schnellen aus dem Wasser,

zwei einsame Reiher in dem lichten Raum mit rötlichem Widerschein.

Hier ist ein Feriendorf für reiche Schweizer und Deutsche, das mein Deutscher fotografieren will. Zwei Schilder, die aufeinander abgestimmt sind, kehren auf dieser Straße mitten durch die Lagunen immer wieder: IMMOBILIEN ROSSWALL und ISOLA DI ALBERELLA. Dann taucht plötzlich die ungeheure Asphaltfläche auf, sie dient als Geschäftszentrum für das Feriendorf, das unsichtbar in einer Macchia aus Mittelmeerpinien liegt. Dorthin gehen sich die Reichen verstecken.
Neben der Einfahrt ein Wärterhäuschen und eine Schranke, ein Wächter mit Riesenpistole am Oberschenkel überwacht den Verkehr. Der kühne Reinhard fährt einfach durch und grüßt den Killer auf deutsch, und der winkt, als würden wir uns schon kennen.
Der gesamte Asphaltbereich ist aufgeteilt in völlig gleiche numerierte Parzellen: numeriert sind die Parkplätze für die Autos, numeriert die Anlegestellen für die Schiffe, numeriert die Duschkabinen. Ein Luxusrestaurant, ein Café im Freien auf einer Terrasse, viele Geschäfte mit Neonfarben, mindestens ein Dutzend Büros für Immobilienverkäufe: dies das kleine Reich, wo die Flaggen Italiens, Deutschlands und der Schweiz wehen und dazu das Banner der großen Immobiliengesellschaft Rosswall. Überall verkünden Schilder: PROPRIETA PRIVATA, PRIVATGRUND.
Eine Familie radelt vorbei, und die Frau zeigt mit

dem Finger auf meinen Deutschen: »Der hat mich fotografiert!« Auf der fernen Caféterrasse bleibt ein Ober mit einem Tablett voll farbiger Getränke einen Augenblick im Gegenlicht stehen und schaut, was passiert. An diesem Ort, der durch Betonpfeiler und eine Asphaltkappe vor dem Hinterhalt der Lagune geschützt ist, an dieser über Sümpfen und Wasserpflanzen schwebenden Stätte hat die Immobiliengesellschaft Rosswall alles unter Kontrolle, alles bis auf die Mücken, es sind wirklich zu viele, selbst für das Po-Delta.

Auf der Allee nach Rosolina färbt sich die Sonne allmählich rot und verschleiert sich, ich weiß nicht, wohin mich Reinhard bringt. Gelassen spazieren Ausländer unter Mittelmeerpinien und zwischen Häusern im provenzalischen Stil, eine Frau aus Somalia sitzt strickend auf einem Mäuerchen, Elstern fliegen über ein erleuchtetes, leeres SHOPPING CENTER unter den Bäumen.
In einem solchen Shoppingcenter muß ich gewesen sein, als ich sah, wie auf einmal ganz von selbst eine Glasscheibe zersprang, die Glasscherben bebend in der Luft hängenblieben und gleich darauf eine Panik ausbrach. Draußen am Ende der Allee, am Fuß einer Böschung ein riesiges Zelt von militärischem Aussehen, oben darauf Radaranlagen. Flugzeuge durchschnitten ohne Unterlaß den Himmel, und erst, als ich auf der anderen Seite der Böschung Paule-Andrée und Roger erkannte, die, um sich in Sicherheit zu bringen, auf das Riesenzelt zuliefen, wurde mir klar, ich war in Paris, auf einem Platz, der meiner

Meinung nach Place Octopus hieß. Einen nach dem anderen sah ich die Bauten der Avenue de l'Opéra einstürzen, aber die Mauerbrocken blieben bebend in der Luft hängen.

Der Gedanke an das Ende der Welt begleitet uns nun schon wie ein Gefühl der Unsicherheit und Angst vor Strandverschiebungen und Sturmfluten: ein unentwegtes Wegsinken von etwas in uns und etwas außerhalb von uns, seltsame Städte, in denen wir uns nicht mehr zurechtfinden, und die Vision von Menschen, die, zu Hause eingeschlossen, vor dem Fernseher sitzen, weil sie es nicht mehr aushalten, anderen Menschen ins Gesicht zu sehen.

An der Spitze der Landzunge von Rosolina eine Welt aus Steinen und Teer, ein verlassenes Elektrizitätswerk, der Meeressaum voll fauliger Algen und ein Schild mit der Aufschrift LEBENSGEFAHR; einen Augenblick lang war es mir, als könnte ich die Erde nackt und bloß sehen.

Wir verlassen die Wassertäler. An der Abzweigung nach Chioggia sahen wir Bunker aus der Kriegszeit, die noch bewohnt sind, und auf der Wiese vor einem Bunker standen Tische, und es war Wäsche aufgehängt. An den Tischen saßen Familien mit vielen Kindern, die im Freien zu Abend aßen, während sich jetzt im Westen die Abenddämmerung rötlich färbt.

Als wir den Torbogen zum Stadtplatz von Chioggia erreichen, ist die Stunde des Abendspaziergangs. Das Licht ist so schwankend, daß sich die Gesichter der Mädchen entfärben und endlich nicht mehr so aussehen, als kämen sie aus einem Werbefilm. Die Straßenlaternen am Hafenbecken brennen, Autos stehen da und Männer schauen in den Dunst, der über dem Meer liegt. Ein Mann, der auf dem Motorrad sitzt, raucht seine Zigarette zu Ende, wirft die Kippe in die Dunkelheit, läßt den Motor an und fährt weg.

Das unaufdringliche Hin und Her von Mofas unter den ruhigen Fittichen der Menschenmenge zeigt, glaube ich, daß wir hier ein wenig in Sicherheit sind vor dem hastigen Getümmel der renommierteren Orte. Aber nun ist mir die Lust am Nachdenken vergangen, es lockt mich nur zu beschreiben, und am liebsten würde ich alles beschreiben.

In der Nähe des Hafenbeckens essen wir zu Abend, im Restaurant DIE FREUNDLICHE HAND, wo die Frau an der Kasse sich in einem kleinen Fernseher ein Fußballspiel ansieht und der Ober auch ab und zu einen Blick hinwirft, um zu erfahren, wie es steht. Der Himmel ist noch blau, auch wenn hier unten, während wir essen, die Luft richtig dunkel wird. Auf dem Stadtplatz ist der Abendspaziergang schon vorbei, in den Bars im Freien, die auf die Arkaden herausgehen, sehe ich viele Köpfe, die von hier aus schweigsam erscheinen. Frauen sitzen in der Abendkühle an den Fenstern der Häuser auf der anderen Seite, und alles, was geschieht, ist außerordentlich und normal.

Während wir über den Stadtplatz gingen, spielten Jungen im Halbdunkel einer Seitenstraße Fußball, und vom Kirchturm schlug es elf. Als wir in der ein-

zigen noch offenen Bar saßen, versuchte mir Reinhard einige Erklärungen zu der Frau zu geben, hinter der er her ist. Aber sein Englisch ist so ungenau, daß mir ein großer Teil dessen, was er sagt, entgeht, und seine Erklärungen in deutscher Sprache sind für mich auch nicht klarer. Dieser Mangel an Verständigung bedeutet für mich mehr als alles andere eine Erleichterung: Ich fühle mich dadurch solidarisch mit diesem meinem Freund, den ich unterwegs gefunden habe, und mit den Dingen ringsum, die wir schweigend miteinander betrachten.
Die Erscheinungen da draußen gehen ununterbrochen ihren eigenen Gang, den nichts stören kann: sie gehen in keine Richtung, gehen immer nur weiter. Aus einem Transistor in der Kneipe kommt ein Lied von Lou Reed oder von einem, der so ähnlich singt wie er. Ein Senegalese im Kaftan steht unter den Arkaden bei jungen Leuten und hält ihnen in der Kneipe Ketten aus Elfenbein und Statuen aus Mahagoniholz feil. Ein Junge, dem man sein Bodybuilding ansieht, erwidert ihm mit Gebärden eines Jungen, der Bodybuilding macht. Ein Auto hält vor der Bar, und aus dem Auto ruft jemand einen Frauennamen.

2. Juni 1983

Die Dinge sind dort und schwimmen im Licht, sie kommen aus der Leere, um unter unseren Augen stattzufinden. Wir sind in ihr Erscheinen und ihr Verschwinden verwickelt, beinahe als wären wir

nur dazu hier. Die Außenwelt braucht uns, damit wir sie beobachten und von ihr erzählen und ihr so zu einem Dasein verhelfen. Und wenn ein Mensch stirbt, nimmt er die Erscheinungen mit, die von Kindheit an zu ihm gekommen sind, und hinterläßt den anderen das Loch, in dem alles verschwindet.
Noch nicht verschwunden ist diese Landschaft in ihrem schönen Licht: so weit das Auge reicht, Linien von Feldern, schmale Kanäle, schnurgerade zwischen ihren Dämmen fließend, Straßen querlandein mit wenig Verkehr. Und ein kühlerer Himmel dank der Winde, die hier ungehindert wehen.
Das Po-Delta ist vielfältig gelappt, diese Form bildete sich durch das Geschiebe, das die einzelnen Flußarme angeschwemmt haben, wodurch sie die Mündungen immer weiter ins Meer vorschieben. In dieser Gegend gibt es weder Städte noch Städtchen, nur verstreute Dörfer, die den Namen venezianischer Familien tragen, weil das Delta von den Venezianern geschaffen wurde, da sie das ganze Geschiebe, das der Fluß im Laufe der Jahrhunderte anschwemmte, hierherleiten wollten.
Das Gelände besteht also hier aus Geschiebemassen, die auf dem Kontinentalschild dem Meer zugleiten, eine moosfarbene Ebene im Winter, mit vielen Grün- und Gelbtönen in den Jahreszeiten, wo das Licht nicht so tiefsteht, und mit einem großen Fluß, der seinen Bestimmungsort erreicht, indem er sich fächerförmig in sechs Arme aufteilt und öffnet: als wäre dies die Neigung von allem, was hier ist, sich zu öffnen und aufs Meer zutreiben zu lassen, eine Mündung zu erreichen, in der alle Erscheinungen

untergehen, indem sie wieder zu Geschiebe werden.
Wieder zurück bis Contarina, jetzt ostwärts zur Spitze des Deltas. 12 Uhr, Rast bei einer kleinen Brücke mit weißen Bögen, ganz niedrig über dem Po di Maestra, der sich an dieser Stelle vom Po di Venezia trennt.
Seit einer Viertelstunde fahren wir hinter einem gelben Schulbus her, der an jedem Feldweg hält, um einen Schüler aussteigen zu lassen. Reinhard fährt langsam, um dieses kleine Zeremoniell mitzuerleben. Es ist die Stunde, in der die Kinder aus der Schule kommen, hier ist eine Abzweigung ins Landinnere. Und der Ort heißt Ca' Pisani.
Die Schüler in dem kleinen gelben Bus sind aufgeregt, vor allem die kleinen Mädchen, weil unser dikkes Auto hinter ihnen herfährt, sie winken uns durchs Fenster zu, manche mit komischen, manche mit angriffslustigen Gebärden. Inzwischen haben wir den Po di Venezia, der auf der rechten Seite von einem Damm begrenzt ist, aus den Augen verloren, und der Schulbus hält, um viele Kinder aussteigen zu lassen, die sich zerstreuen und augenblicklich über die Dämme hinunter verschwinden.
Ein winziges Mädchen mit einem Riesenpflaster auf der Stirn bleibt stehen, bevor es über den Damm hinunter geht, und läßt uns einen ausgeklügelten Abschiedsgruß zukommen.
Der Schulbus ist umgekehrt und fährt zurück, wir bleiben allein in der unendlich weiten Ebene, mitten in den weithin sich dehnenden Feldern ohne Bäume. Ein Teich mit Seerosen liegt neben der Straße, und

jenseits des Teichs verdeckt ein Damm mit Akaziengebüsch die Sicht.
In einiger Entfernung überall gelbe Getreidefelder, vom Wind gebläht. Auf den Fersen hockend wie ein Indianer, bemerkt Reinhard: »Landschaften für Aquarelle.«

In Isola Ca' Venier ist ein Pappelwäldchen; neben dem Pappelwäldchen eine Bar, die nur ein altes Bauernhaus ist, über der Tür eine Reklame für eine Kaffeemarke.
Niemand in Sicht, außer der Wirtin und Kindern, die ab und zu aus einem anderen Zimmer hereinstürmen, wohin sie sich dann wieder zu ihrem Videospiel zurückziehen. Das Videospiel hat eine Cembalomusik, und die Kinder übersetzen die englischen Ausdrücke auf dem Bildschirm in ihren Dialekt. Als wir ankamen, flog mit ohrenbetäubendem Lärm ein Düsenflugzeug über den Himmel, und wir sahen durch das Gitter, wie sich die Kinder die Ohren zustopften und sich alle vor Lachen bogen.
Während ich vorhin Flipper spielte, herrschte hier auf dem Land ein Augenblick absoluter Stille. Das Licht, das durch ein Fenster hereinfiel, zerschnitt den Raum in zwei Teile, und der Schatten verlängerte die Beine der Tische und Stühle. Alles schien endlich zusammenzuhalten, gleichsam in Sicherheit gebracht vor Einsamkeit und Isolierung, vor dem Hintergrund des langgestreckten Zimmers, durch das sich ein Tresen aus grünem Linoleum zog. Und das Foto einer Fußballmannschaft an der Wand, die Kaffeemühle, die Plastikschachtel mit den Kaugum-

mibällchen, die Fahrpläne der Autobusse neben der Tür, alle diese Dinge erschienen gerettet innerhalb einer leichten und möglichen Ordnung.

Meine Lieblingserzählung von Delfini hat den Titel »Der Verlobte«. Teodoro Gondrano reist über die Ebene, sein Ziel ist die endgültige Begegnung mit der Liebe, und der Raum, durch den er sich bewegt, bevölkert sich mit Bildern, die die Geschichte seiner Liebe erzählen. Was ihn seinem Ziel zuführt, an dem er sich mit Maddalena Marfusa verbinden wird, ist ein Zustand der Trunkenheit, der gegen jeglichen bösen Gedanken gefeit ist: ein irrsinniges Vertrauen zu den erschienenen Bildern, das einen tief und frei atmen läßt, während man auf dem Weg zu jemandem ist.
Teodoro ist unterwegs zu einer endgültigen Lebenslage, die, da sie endgültig ist, nicht mehr weiß, was sie mit Definitionen anfangen soll (zum Beispiel: die Liebe ist für die scheinheiligen Bürger eine lächerliche Angelegenheit geworden, aber Teodoro macht es nichts mehr aus, wenn er lächerlich ist). Eine Lebenslage, in der die Leere mitten in der Seele nicht mehr spürbar ist, da durch die Liebesverbindung ein so machtvoller Zustand erreicht wird, daß man sich vor den anderen nicht mehr aufzuspielen braucht. Es ist wie der undefinierbare Schlaf der Erde, aus der alles von selbst hervorkommt (die Kinder, die wie Pflanzen schlafen und wachsen, beschließen die Vision seiner Liebe zu Maddalena).
Hier, in Isola Ca' Venier, gegessen: Käse und Eierkuchen; dann haben wir uns in der Wiese bei dem

Pappelwäldchen ausgeruht. Die Kinder schauen vom Fenster zu uns herüber, sie spielen nicht mehr mit ihrem Videogame, sie stehen da und schauen herüber, dabei flüstern sie sich hinter der Hand Kinderwörter zu.
Nun ist es heiß. Es ist drei, und wir setzen uns wieder ins Auto, die Mündungen sind nicht mehr weit.

Durch die Sümpfe schlängelt sich die asphaltierte Straße auf derselben Höhe wie das Wasser, eine scheckige Oberfläche mit reglosen schwärzlichen Flecken. Lange Linien aus schwarzem Schlamm bilden dammartige Stränge, und dort sind die Becken für die Aale. In der Umgebung uralte niedrige Häuser mit Schilfdächern, Fischernetze liegen herum, und, wohin man blickt, der Morast unter einem eher düsteren Himmel.
Hinter uns liegt das Dörfchen Boccasette, das aus wenigen Straßen mit niedrigen Häusern besteht und wo Reinhard sich in einer Kneipe nach den deutschen Verhaltensforschern erkundigen wollte. Die jungen Leute in der Kneipe sahen ihn an wie einen Marsmenschen, sie verstanden wirklich nicht, was er suchte.
Wo wir jetzt sind, ist die Oberfläche der Tümpel nie gleichförmig, das Wasser ist entweder niedriger oder höher, oft von einem Schleier überzogen, der wie farbige Gelatine aussieht. Um die Stränge, die der Schlamm gebildet hat, legen sich Fransen aus Algen, auf denen sich das an die Oberfläche tretende Erdreich ablagert, so daß man an vielen Stellen nicht erkennen kann, wo der feste Boden aufhört

und wo die schwimmenden Ablagerungen beginnen.
Ein Schuppen aus Mauerwerk steht unter einem Damm, er dient Leuten, die auf Wasserhuhnjagd hierherkommen. Wolken da und dort, wie ein Seil über das Meer gespannt, steigen auf und verlieren sich allmählich in dem unendlich weiten Himmel.

Bei der Landzunge von Boccasette ein ausgetrocknetes Wassertal, abgeschlossen von einem grünen Damm. Jenseits des Dammes ein Kanal, in den der Po di Maestra münden dürfte, und jenseits des Kanals geht es aufs offene Meer hinaus und auf unsichere Küstenstriche zu. Aber von der alten Brücke über den Kanal hat man die Zwischenachsen entfernt, damit niemand Zugang hat zu den gefährlichen Gebieten; schwierig, dort weiterzukommen.
Große Flecken toter Algen auf dem Kanal und darunter Kaulquappen oder Frösche, die bei ihren Sprüngen den Algenschleier wie ein Bettuch lüften. Ganz hinten sieht man eine Sanddüne, wo Möwen ankommen und abfliegen wie in einer Weltraumstation. Lange Rast wegen der Entscheidung, doch über die Brücke zu gehen, wie Seiltänzer.
Der ferne Leuchtturm, der jenseits der Dämme auftaucht, erscheint dem Auge, als wäre er kurz vor dem Sturz in die Leere.

19.30 Uhr. Todmüde, mit schlammbedeckten Schuhen, und ich habe wieder Halsweh. Mein kleines Notizbuch verloren, das ich eigens für diese Gele-

genheit mitgenommen hatte, und damit sind auch die Aufzeichnungen des Nachmittags weg.
Zurück bis zum Po di Venezia, hinter uns das Elektrizitätswerk von Ca' Dolfin mit seinen rotweißen Schloten. Wir suchen etwas zu essen und Benzin und auch einen Platz zum Schlafen.
Nachdem wir in einem stockfinsteren Kolonialwarenladen einem eingedämmten Sumpf gegenüber eingekauft hatten, kam ein Kerl auf einem Mofa und gab Reinhard ein Blatt. Es ist die Fotokopie eines Briefes an die kommunistischen Arbeiter von Ca' Dolfin, die »Lektionen in Demokratie erteilen wollen«. Reinhard verstand nichts und bat um Erklärung; da kam eine Frau mit einer Gesichtslähmung vorbei, ich wandte meine Augen ab, um sie nicht ansehen zu müssen.

In einer Bar, einem Neubau am Rand des Dorfes fragen wir, wo man Benzin bekommen kann. In der Bar redeten alle von dem dummen Flugblatt gegen die Kommunisten und debattierten hitzig über Politik. Dasselbe Gefühl wie in einer arabischen Bar, wo keiner auf einen Fremden hört. Die Männer standen in Trupps beieinander, ohne einen vorbeizulassen, vollkommen absorbiert von ihren Unterhaltungen.
Um die Ecke stoßen wir an einer Lehmstraße, die sich in ödem Heideland verliert, auf eine Tankstelle. Aus dem neuen Haus, das eine Tür aus Milchglas hat, kam ein fettleibiger Mann in Pantoffeln heraus, der unseren Tank füllte und das Geld entgegennahm, wobei er immer anderswohin schaute. Dann

rief ihn aus dem Haus eine Frauenstimme, die gakkerte wie ein Huhn – genau dieselben Noten –, worauf der Fettleibige eiligst ins Haus zurücklief.

In der mondlosen Nacht nach einer allerletzten Bootswerft eine Brücke über eine unsichtbare Lagune. Das Meer ist nur zu riechen. Autos, die auf der Straße vorbeifahren, rote Schlußlichter und gelbe Lichter von etwas, das sich in der Ferne bewegt.
Heute sahen wir die weit auslaufenden Sand- und Lehmbänke, die man »barene« nennt, Schwemmlandabschnitte, die, Arabesken zeichnend, grau und gelblich aus dem Wasser auftauchen. Wir drangen vor bis zu den Stellen, wo das stehende Wasser von einer dünnen Haut überzogen ist, die wie eine Plastikschicht aussieht, und wo der feuchte, weiche Boden an den Rändern absinkt. Am äußersten Saum des Festlandes herrscht eine immerwährende Erosion durch das Wasser, das Erdreich gleitet hinunter auf einen Grund, wo die Ablagerungen nie zur Ruhe kommen.
Über dem Meer sehe ich ein Signal aus dem Dunkel aufscheinen. Heute nacht wird der Komet Tempel 2 das Perihel erreichen. Bei Nacht ist die Schwerkraft stärker zu spüren, es kann so weit kommen, daß man spürt, wie alles versinkt. Wir schlafen im Auto, ich habe gelernt, im Dunklen zu schreiben.

3. Juni 1983

Am Po di Pila, die Sonne direkt über dem Kopf, kam mir ein Film von John Ford in den Sinn, in dem man Henry Fonda nach langer Zeit in sein Heimatdorf zurückkommen sieht, er findet die Baracken leer, und ein betrunkener Prediger erklärt ihm, daß die Bagger kommen werden, um alles einzureißen, denn alles hat sich geändert, und die Orte haben keine Zukunft mehr. Mit einem Streichholz in der Hand im Dunklen tanzend, sprach der Prediger folgende Weissagung aus: »Ortlos werdet ihr sein, ortlos!«
Allen Orten blüht dasselbe Ende, es werden abstrakte Signalsysteme oder technische Projekte von Fachleuten aus ihnen. In dieser Gegend wird man einen Fremdenverkehrspark anlegen, und in Omnibussen werden Touristen kommen, um werweißwas zu besichtigen, vielleicht Überbleibsel alter Traurigkeiten, Werbeplakate, Orte, die keine Orte mehr sind.
Hier verkündet ein gelbes Schild für Touristen ein Fischerdorf. Das Dorf, das wären mehrere Wellblechbaracken voller Netze und Setzgarn zwischen ausrangierten Autokarosserien, Fetzen von Autoreifen, an Land gezogene Boote und Haufen Sumpfbinsen. Und die Fischer, die schon seit geraumer Zeit keine Fischer mehr sind, wohnen anderswo in scharfkantigen dreistöckigen Häusern, die Kasernen ähnlich sehen. Überall ist Wäsche aufgehängt, Frauen stehen in den Türen, Männer in Unterhemden putzen ihre Autos, Kinder schauen uns und anderen Fremden nach, die vorbeigehen.

Wir fahren auf der Dammstraße weiter, aber es ist nicht auszumachen, ob wir dem Po di Pila folgen oder irgendeinem Kanal. Nach dem Dorf macht der ferne Wasserlauf hinter dem hohen Schilf eine Biegung, dann verliert sich der Blick, weil das Schilf die gesamte Sicht verdeckt.
Als sich das Schilf wieder lichtet, liegt ein ausgedehntes stehendes Gewässer vor uns, ringsum kein Laut. Auf der flüssigen Ebene scheinen kleine Schilfinseln zu schwimmen, und keinerlei Bewegung ist auf dem Wasser festzustellen, abgesehen von einigen türkisfarbenen Streifen, die von den Strömungen unter den Wassergewächsen kommen. Die Wassergewächse sind kleine Blättchen, von grünem Schaum umsäumt, die wie eine Decke einen großen Teil der kleinen Bucht überziehen.
Der Kommentar meines leicht betäubten Reisegefährten: »Wo wird aus diesem Wasser Meer?«* Die hochstehende Sonne spiegelt sich überall, vom Meer kommt eine frische Brise.

Das Auto wurde zum Hemmschuh, und wir mußten es stehenlassen. Reinhard setzte einen Fuß zwischen das Sumpfgras und sank bis an die Schenkel ein.
Wir sind auf einem steinigen Isthmus, wo das Wasser in sehr langsamen Wellen an die Steine der Schotterung schlägt; kleine graue Vögel tauchen zum Fischfang unter, fliegen dann mit zerzausten Flügeln im Gegenlicht davon. Auf der einen Seite des Isthmus dehnt sich, so weit man sehen kann, eine große Was-

* Im Original deutsch

serfläche aus, zu der mir keine Namen einfallen, außer für die Spitzen der entferntesten Sandbänke.

Wir sind nun an einer Stelle, wo die Reglosigkeit des Wassers vollkommen ist und sich nichts darin widerspiegelt. Die Sonne steht nicht mehr hoch im Zenit. Während ich schreibe, setzt sich auf meine Hand ein kleines Insekt mit durchsichtigen Nylonflügeln; auf dem Boden zu meinen Füßen sind andere Insekten, denen ich keinen Namen zu geben weiß, ein Wurm mit seitwärts hinunterhängenden Fühlern, eine rötliche Spinne, die im Sand einen Tanz aufführt, eine Ameise mit einem Riesenkopf.
Die Reglosigkeit des Wassers und die vollkommene Lautlosigkeit erwecken die Vorstellung zahlloser unsichtbarer Bewegungen, die sich unter den Algen, in den Büschen, unter den Steinen und selbst unter der Erde rastlos wiederholen. Das Stück eines Baumstammes zu meinen Füßen, den das Wasser ausgewaschen hat, sieht aus wie das Gesicht eines alten Mannes; das Gras zwischen den Steinen erscheint blatternarbig, als hätte ihm der Wind die Pocken angehängt, eine abgeblichene Zigarettenschachtel sieht aus wie von einem Tier zerkaut.
Anmaßung der Wörter; sie maßen sich an, mit dem, was da draußen vor sich geht, abzurechnen, es zu beschreiben und zu definieren. Aber da draußen geht alles nicht auf diese oder auf jene Weise vor sich, es hat herzlich wenig zu tun mit dem, was die Wörter sagen. Der Fluß mündet hier in eine sich grenzenlos ausdehnende Fläche, die Farben mischen sich überall: Wie soll man das beschreiben?

Wie wenn du einen Freund aufsuchen willst, und er ist nicht da, und du spürst die Vergeblichkeit deines Besuchs. Du merkst, du bist da, möchtest mit deinen Worten eine Brücke bauen, aber es geht nicht. Aber lassen wir das: Das Loch, in dem alles verschwindet, ist hier, wo ich bin, bis zum Rand voll mit dem Gefühl derer, die vor mir abgetreten sind. Ich bin hier am Po-Delta und denke an sie.
Auf einmal werden Lockrufe von Möwen laut, eine ruft und andere antworten. Auch die Wörter sind Lockrufe, sie definieren nichts, sie rufen etwas, damit es bei uns bleibt. Und wir können nur eines tun, nämlich die Dinge rufen, sie wie Heilige anrufen, damit sie zu uns kommen und uns etwas erzählen: sie rufen, damit sie nicht so fremd werden, daß sie, jedes für sich allein, in eine andere Richtung des Weltalls ziehen und uns hier zurücklassen, allein und unfähig, eine Spur zu erkennen, nach der wir uns richten können.
Hier ist jedenfalls nichts als Wasser, und wir müssen zum Auto zurück. Reinhard hat sich schon in eine kleine Schlucht entfernt, wo wilde Iris und jene zylindrischen braunen Ähren wachsen, die man Rohrkolben nennt.

Während der langen Querung der Lagune, die Valle Ca' Zullian heißt, haben Wasser und Land keine erkennbaren Grenzen, und am äußersten Saum des Landes setzt sich auch der Himmel nicht genau vom Wasser ab. Der Weg, auf dem wir gegangen sind, besteht aus vorübergehend aufgetauchtem Erdreich, und Schilder weisen auf die Gefahren des Ortes hin.

Während Reinhard sich zum Fotografieren entfernte, bin ich zum Scheißen in eine kleine Mulde gegangen, und ausgerechnet da kam nach Stunden völliger Einsamkeit ein Radfahrer vorbei. Während er vorbeifuhr, wandte er den Kopf nach mir und blickte mich ohne jeglichen Ausdruck an, dann sah ich, wie er vom Rad stieg, um eine Bodensenkung zu überqueren. Dann war er weg, und ich begann darüber nachzudenken, daß ja dieser Mann Augen, Beine, Arme, einen Kopf und Gedanken hatte gerade wie ich.

Und nachdem wir in Ca' Zullian angekommen waren, wo wir die zwei Mädchen laufen sahen und mitnahmen, berührte mich alles, ihre Gesichter, ihre Kleider, ihre Redeweise, selbst ihre Hände und ihre Fingernägel. Sie hatten es eilig, weil ein Fußballspiel beginnen sollte, bei dem einige Freunde der Mädchen mitspielten, und sie wiesen uns den Weg über schmale Landstraßen bis zu einem kleinen Fußballplatz, der von riesigen Scheinwerfern beleuchtet wurde, obwohl der Himmel noch hell war.

Auf einer anderen schmalen Landstraße kamen Fans mit Trompeten und Trommeln, und die Mädchen sprangen lachend aus dem Auto, und ich versuchte alles im Kopf zu behalten, damit es nicht verlorenginge. Ich fand meinen Stift nicht, den ich zum Schreiben mitgenommen hatte, also hatte ich auch meinen Stift verloren, während alles so schnell ging; alles auf dem Fußballplatz berührte mich, und ich wußte nicht mehr, was ich damit anfangen sollte; ich brauchte nur etwas anzusehen, und schon ergriff es mich.

4. Juni 1983

Heute früh, als wir nach Ca' Venier zurückfuhren, sah ich auf den Stufen einer Bar auf dem Land ein kleines Mädchen. Es hatte ein altes, aus dem Leim gegangenes Wörterbuch auf den Knien und buchstabierte versunken dessen Stichwörter vor sich hin. Einige Männer blieben an der Tür der Bar stehen und redeten über Sport, und das kleine Mädchen hörte zu, um einige Stichwörter aufzuschnappen, die es dann in seinem Wörterbuch suchte.
Hinter Ca' Zullian ist am Po di Venezia ein freier Platz, wo man auf die Fähre wartet. In einem kleinen Auto warteten dort zwei junge Leute und ließen ihr Radio auf vollen Touren laufen. Wir unterhielten uns über Rockmusik, und sie sagten mir, sie würden auf der anderen Seite des Kanals in Ca' Tiepolo arbeiten.
In den letzten Tagen ist Reinhard ein blonder Bart gesprossen, er trägt eine Brille, der er dunkle Gläser gegen die Sonne aufsteckt, und er trägt immer noch seine schönen Seidenhemden. Er möchte noch in der Gegend des Po di Venezia unterwegs bleiben, um noch ein wenig nach den Verhaltensforschern zu suchen, glaube ich; dann fährt er zurück nach Düsseldorf, wo er als Kameramann und Regisseur für das Fernsehen arbeiten wird.
Während sich die Fähre entfernte, sah ich ihn neben dem schon langen Schatten seines Autos stehen.

Endlich in der Gegend von Porto Tolle, meinem ursprünglichen Ziel. Bei der Eisenbrücke an der Mündung des Po di Gnocca angekommen, werfe ich mich ins Gras. Die Brücke besteht aus denselben Eisenkonstruktionen wie die alten Eisenbahnbrücken, die ich seit eh und je anstaune: eine Art Tunnel, der aus den nicht übermäßig großen Teilen eines Metallbaukastens besteht; für die Lastwagen reicht der Platz gerade noch.

Die Brücke ist sehr dicht über dem Wasser, tief stehen ihre Pfeiler im Fluß, der immer noch Hochwasser hat. Rund um die Pfeiler bildet das Wasser Strudel, in die Blechbüchsen eingeschleust werden, während sich der Strudel fortbewegt, und aus denen sie wieder ausgestoßen werden, immer wenn sie in die Mitte des Strudels gelangen.

Der Damm ist mit Kräutern bewachsen, ringsum wuchert Weidengebüsch. Wieder finde ich Sauerampfer und weiter weg einen Holunderstrauch und Malvengesträuch, beide in Blüte. Ich sehe die Weidengerten im Wasser, Ackerwinde und Geißblatt in den Hecken. Auf einer Hecke habe ich meinen kleinen Kompaß mit Schlüsselring liegengelassen, irgend jemand wird ihn finden.

Mir ist, als hätte diese Reise einen Monat gedauert. Hier ist es so flach, daß man immer an allen Orten dem Horizont ausgesetzt ist, man kann sich dem allgemeinen Gang der Dinge nicht entziehen, der da draußen immer weitergeht wie ein langes Pfeifen oder eine lange Plauderei.

Eine kleine Rast, damit ich mich wieder an den Herrn Costantino erinnere; in den zwei vergangenen Tagen habe ich ihn oft vergessen.

Den Damm entlang bin ich bis zu einem Mast der Hochspannungsleitung gelangt, zu dessen Füßen ich meine Militärkarten liegengelassen habe. Als ich vom Damm hinunterstieg, um die Bogenfenster eines abgeschiedenen Bauernhofes zu sehen, kam mir sofort ein Hund bellend entgegengelaufen. Als wir direkt voreinander standen, sah ich, daß er mich anspringen wollte, aber dann rief ihn eine Frau, und der Hund hielt mitten im Sprung inne.
Ich ging auf die Frau zu und bat sie um ein Glas Wasser, sie ging, ohne etwas zu sagen, zum Haus, und an der Tür drehte sie sich um und fragte, ob ich Wein wollte. Während ich den Wein trank, kam ihr Mann den Damm herunter; er lehnte das Fahrrad an die Mauer und begrüßte mich, indem er, seinen Kopf leicht zurückwerfend, sagte: »Schönes Wetter, was?«
Auf dem Damm kamen auf ihren Rädern und mit Schulranzen auf dem Rücken die Kinder aus der Schule. Sie spielten mit den Fahrrädern, und ihr Spiel bestand darin, daß sie versuchten, sich gegenseitig vom Damm zu befördern, indem sie mit dem Vorderrad gegen das Fahrrad eines anderen stießen. Ein kleiner Junge war am äußersten Rand und wäre beinahe hinuntergestürzt, aber im letzten Moment riß er sein Vorderrad hoch und war gerettet; und dann fuhr er weg, wobei er so laut lachte, daß wir ihn auch im Bauernhof hören konnten.

Ich nahm einen Bus. Auf der Straße zum Meer, hinter Tolle, lag ein dicker Wagen umgekippt auf dem Asphalt und ein zweiter im Straßengraben. Schutz-

leute hielten die Wagen aus beiden Richtungen auf, sie mußten einzeln vorbeifahren.
Ich bin einem alten Schild auf dem Damm nachgegangen, einer kleinen Tafel mit der Aufschrift Fähre. Unterhalb des Dammes fließt ein Kanal, das ist der Po di Gnocca; und über dem Kanal eine entzweigebrochene Militärbrücke, von der graue und verfaulte Bretter ins Wasser hängen. Zwischen Schilf und Liguster ist ein Kahn mit einer Kette an die Brücke gebunden, ein anderer Kahn unter einem Wellblechdach ist bis zum Rand voll Wasser.
Ich mag Fähren so gern, daß ich auf einmal Lust bekam, mein Buch mit den Erzählungen von Antonio Delfini auf dem Rand des vertäuten Kahns liegenzulassen, damit es jemand findet und sich so an den Ort erinnert. Ich habe es mir anders überlegt, mir das Buch wieder in den Rucksack gesteckt.

An einer Tankstelle hielt ein Junge mit einer Vespa. Aus dem Haus kam eine Frau mit einem Kind auf dem Arm, mit der anderen Hand hantierte sie an der Benzinpumpe und bediente den Jungen.
Ich fragte den Jungen, ob er mich bis Scardovari mitnehmen könne, und er antwortete mir, in Scardovari seien wir schon; er könne mich vor bis zur Spitze mitnehmen, aber vorher habe er noch eine Besorgung zu machen.
Während ich auf ihn wartete, spielte ich mit dem Flipper in der Bar nebenan. In dem erleuchteten Viereck des Flippers steht geschrieben: VOLTAN ABANDONS THE EARTH. Darunter sieht man Voltan und Wanda, als Weltraumkrieger gekleidet,

während sie auf ein Raumschiff zufliegen. Sie müssen die unbewohnbar gewordene Erde verlassen, und Wanda reicht Voltan eine Hand mit den Worten: »Quick, Voltan, it is going to explode.« In der Sprechblase, die aus seinem Mund herauskommt, antwortet Voltan: »Too bad, Wanda, it was a nice place where to live.«
Unten sieht man das Profil der Wolkenkratzer von New York, aus denen hohe Feuerzungen herausschlagen, ganz hinten sind das Empire State Building und die Freiheitsstatue zu erkennen. Damit Voltan sich mit dem Raumschiff in Sicherheit bringen kann, muß man mindestens ein Special machen, und das habe ich nicht geschafft.

An der Stelle, wo der Po di Gnocca ins Meer mündet, sind kleine Inseln aus Teer und Algen, die dem Rücken eines Wals ähnlich sehen. Diesseits des Flusses ein Schotterstreifen, auf dem überall Schilfgrasbündel und Fischernetze liegen, während die Meeresbucht von einer Landzunge abgeschlossen wird, die vor Algen ganz grün ist. Jenseits des Flusses die einförmige Ebene, so weit das Auge reicht, dort liegen Bauernhöfe zwischen den Getreidefeldern, die um diese Jahreszeit ganz gelb sind.
Die Straße entlang stehen Bauernhöfe in regelmäßigen Abständen, zweistöckige Würfel, die vor etwa dreißig Jahren – zur Zeit der Agrarreform – gebaut wurden. Da und dort steht ein altes Haus verlassen auf dem Feld, Türen und Fenster sind zugemauert, von wild wuchernden Pflanzen bedeckt. Ich habe nur einen alten Mann gesehen, der saß auf einem

Stuhl unter einem Baum und schaute auf den Boden.
Um diese Zeit sind die Bewohner der Bauernhöfe auf den Tennen, plaudern zwischen den Häusern miteinander. Sie sind alle noch ziemlich jung und schauen mich an, während ich vorübergehe, als würden sie nicht überall ihren Senf dazugeben, und ich habe den Eindruck, sie bewegen sich ganz natürlich in dem leeren und einförmigen Raum, der sie umgibt, ohne jegliches Gefühl der Einsamkeit oder der Isolierung.
Nun herrscht eine große Stille, der Himmel ist schon rot. In der Ferne, jenseits der bebauten Felder, glitzern die Tümpel.

Als ich an der Spitze der Landzunge anlange, ist es beinahe schon Abend. Hier ist eine Siedlung aus Wohnwagen unweit eines Sägewerks, und hin und wieder hört man das Geräusch einer elektrischen Säge, die immer noch arbeitet. Weiter draußen liegt das Meer, und rechts geht die Straße weiter auf dem Schotterstreifen, der die große Lagune von Scardovari säumt.
Ein kleines Boot mit zwei Masten wendet und fährt aufs Meer hinaus, in Richtung der Mündung des Po di Goro, in dem Boot ein Mann mit Strohhut und ein Junge mit Hund.
In der Nähe zwei weiße Mercedes, die auf dem Schotterstreifen geparkt sind, Männer mit Militärhemden und Fallschirmspringerhosen. Sie haben Ferngläser, Fotoapparate und ein Stativ mit einem langen Fernrohr zum »bird watching« bei sich; es

sind Deutsche, vielleicht Verhaltensforscher, und sie schauen aufs Meer hinaus.
20.30 Uhr. Sie schauen immer noch aufs Meer hinaus, als müßte von einem Augenblick auf den anderen etwas passieren; es ist, als würden sie auf das Ende der Welt warten, die deutschen Verhaltensforscher, hier am äußersten Ende der Ebene. Unsere Seelen haben sich vermischt, und nun haben wir schon alle dieselben Gedanken. Wir warten, aber nichts erwartet uns, weder ein Raumschiff noch ein Schicksal.
Wenn es jetzt zu regnen anfinge, würdest du naß, wenn es heute nacht kalt wird, bekommt es dein Hals zu spüren, wenn du zu Fuß durch die Finsternis zurückgehst, mußt du dir gut zureden, wenn du noch länger hier herumläufst, wirst du immer mehr ermatten. Alles, was erscheint, ruht in sich. Rufe die Dinge, damit sie bei dir bleiben bis zuletzt.

Anmerkungen

S. 12 Franco Occhetto war Lektor bei dem Mailänder Verlag Feltrinelli und ein Freund des Autors.
S. 36 Binnendamm: Der Po hat in dieser Gegend zwei Arten von Dämmen: den Hauptdamm, der dicht am Flußufer verläuft, und den Binnendamm, der in einiger Entfernung vom Flußlauf angelegt ist und zur Eindeichung der überschwemmten Gebiete dient.
S. 50 Bonifica Bentivoglio: Bonifica bedeutet trockengelegtes Sumpfgebiet. Bentivoglio ist ein Ort in der Po-Ebene.
S. 119 Eridania: Eridanos ist der mythologische Name des Po. Phaethon, der Sohn des Sonnengottes Helios, wurde, da er das Gespann seines Vaters nicht zügeln konnte, von einem Blitz des Zeus getroffen und stürzte in einen großen Fluß, nach einer Variante des Mythos in den Po. Seine Schwestern, die Heliaden, hörten nicht auf, ihn zu beweinen, bis sie selbst in Pappeln verwandelt wurden und ihre Tränen in Bernstein.
S. 131 Wassertal: Die Lagunen heißen in der Gegend »valli d'acqua«, auf deutsch Wassertäler; die Erhebungen dazwischen nennt man »barene« oder »dossi«.
S. 134 Valle del mezzano: vgl. die Anmerkung zu Seite 131.
S. 138 Antonio Delfini ist ein Schriftsteller aus Modena (1908–1963); der Band, aus dem die Erzählungen stammen, auf die hier angespielt wird, ist auch in deutscher Sprache erschienen; der Titel: »Der letzte Tag der Jugend«.
S. 141 Via Romea war die Pilgerstraße, auf der im Mittelalter die Gläubigen aus dem Norden nach Rom zogen.

Inhalt